Warren Edward Buffett

ウォーレン・バフェットの「仕事と人生を豊かにする8つの哲学」

資産10兆円の投資家は世界をどう見ているのか

8 Philosophies

桑原晃弥
Teruya Kuwabara

KADOKAWA

はじめに　資産10兆円超えの人格者、ウォーレン・バフェットに学ぶ

「世界一の投資家」「世界有数の資産家」「オマハの賢人（Oracle / Sage of Omaha）」……

これらはいずれも、ウォーレン・バフェットを語る時に使われる呼び名です。ほかにも、やや皮肉交じりに「聖ウォーレン」などと呼ぶ人もいるようですが、はっきりしているのは、世界で最も大きな成功をおさめたこの投資家は、現時点で91年に至る人生のほとんどを投資に費やし、大きな負けを知らず、かつ年齢を重ねるごとにその評価を高めてきたということです。「はじめに」の後にあるバフェット年表を見ても、そのことがよくわかります。

バフェットが生まれる前年、1929年の大恐慌の引き金を引いたといわれる「ウォール街伝説の投機王」ジェシー・リバモアが、驚くほどの成功と幾度もの破産を経て悲劇的な最期を迎えたように、投資の世界には、大きな成功の一方に大きな失敗がつきものです。そんな世界にいながら大きな負けを知らず、史上初めて投資のみでトリオネアとなり、かつ「賢人」という称号を与えられた投資家など、バフェットを除いて歴史上他に誰もいません。

もちろん、そんなバフェットも最初から「賢人」であったわけではありません。年表にも表れている通り、最初は、オマハという片田舎に暮らす、しかし優れた成果を上げる投資家に過ぎませんでした。そこから徐々に、金融界で知られる存在になっていきます。

ワシントンポストの大株主、ソロモン・ブラザーズの暫定会長を経て2000年代に入ると、2003年のカリフォルニア州知事選挙に出馬した俳優アーノルド・シュワルツェネッガーの財務顧問、さらにはビル&メリンダ・ゲイツ財団への巨額の寄付などを通じてその名声を確立していきます。

名声が高まれば、それだけバフェットへの関心も高まります。

オマハで毎年開かれるバークシャー・ハザウェイの年次株主総会には、バフェットの話を聞くために世界中から多くの株主が駆け付けますし、バフェットが何かを書いたり話したりすれば、投資家や金融関係者のみならず、やはり世界中の人が注目します。

一体、なぜこれほどに人々はバフェットに関心を持つのでしょうか。

バフェットはこうした場で、よくある「推奨銘柄」などについて語ることはありません。株主総会においては時間に関係なく株主からの質問に答え続けますが、その話は「こうすれば儲かる」といった類のものではないのです。

それでもバフェットの話に耳を傾ける意味について、マイクロソフトの創業者で、バフェットの長年の友人でもあるビル・ゲイツはこう話しています。「バフェットには、普通の人たちよりも少し先のことを考えられる天賦の才能がある。彼の警句をすべて暗記しても、追いつくことはできないだろう。だが、彼は暗記するに値する警句に満ち溢れた人物だ」

(『[新版] バフェットの投資原則』ジャネット・ロウ著、平野誠一訳、ダイヤモンド社)

バフェットの発する言葉の多くは、長年にわたる投資活動を通して生まれたものです。では、その言葉は投資を行わない人間にとっては不要のものなのかというと、決してそうではありません。本書で紹介するように、バフェットの言葉や考え方はアマゾンやグーグルの創業者たちにとって、経営を行い、危機を乗り越える大きな支えとなっていますし、若い学生たちにとっては「これからの人生をいかに生きるか」の指針にもなっています。

私自身、バフェットに関心を持ったのは投資からではなく、「グーグルやアマゾンの創業者が頻繁に口にする『ウォーレン・バフェット』とはどんな人物なのか」という関心から入っただけに、バフェットの言葉の持つ普遍性、汎用性に強く惹かれています。

バフェットは圧倒的な読書家であり頭の良い人ですが、決して難しい言葉を使わず、誰にでも伝わるわかりやすい言葉で、しばしばユーモアや皮肉を交えた話をすることを好みます。しかしその一方で、バフェットがいうところの「内なるスコアカード」（自分自身の判断基準）を非常に重んじており、自らが信じる原理原則に忠実に生きる人物でもあります。そしてその根底にあるのは、「お金を増やす」ことへの関心は強くとも、「お金のために邪悪になるのは愚かなこと」という考え方です。

こうしたバフェットの考え方や生き方は、今という混迷の時代を生きる私たちにとって一つの重要な指針になろうというのが、今回、バフェット本を上梓するに至った理由です。新型コロナウイルスの感染拡大といった先の見えにくい時代には、人は新しい処方箋を求めがちですが、バフェットを見ていると、大切なのは、何があっても揺るがない原理原則を持ち、自分が正しいと信じる生き方を貫くことなのではないかと思えてなりません。

バフェットの生きてきた時代は、今以上に混迷や混沌の連続でした。時代の激しい変化の中で、時にバフェットは「時代遅れ」と揶揄《やゆ》されることもありました。しかし、そんなことを一切意に介さず、「原理原則」や「良き習慣」に忠実に生きたことこそが、バフェットに考えられないほどの成功と名声をもたらしたのです。

賢人バフェットには天才スティーブ・ジョブズのような華やかさはありませんが、ジョブズと同じように「自分の大好きなことを一生懸命にやり続ける」ことで成功を手にしています。世の中にはさまざまな「成功法則」や「簡単にお金持ちになれる方法」が溢れていますが、何より大切なのは、バフェットのように自分が心の底から好きだと思えること、正しいと思うことを飽きずに根気よく続けることです。

バフェットの言葉に触れることで、投資に対する考え方やマネーセンスはもちろん身につきますが、それに加えて「どう生きるべきか」という太い柱も育っていくはずです。金銭的、社会的成功だけでなく、精神的にもより豊かな人生を送る指針を得られるでしょう。

11歳で初めて株式投資を始めて80年目を迎えた最強の投資家ウォーレン・バフェット、そのバフェットイズムをまとめた本書が、今という厄介な時代を生きていくみなさまの「成功と幸福のバイブル」になれたなら、これにまさる幸せはありません。

2021年11月

桑原　晃弥

ウォーレン・バフェット〈年表〉

1929年
〈世界大恐慌〉

1930年
8月30日、アメリカ合衆国ネブラスカ州オマハで、ハワードとリーラの第2子、長男として誕生。

1936年
コーラやチューインガムの売買差額を得る「小さなビジネス」を始める。

1939年
〈第二次世界大戦勃発〉

1941年
〈太平洋戦争開戦〉

1942年
父親が下院議員に当選しワシントンD.C.に転居するが、都市に馴染むことができず仮病を使ってオマハに戻る。
11歳で120ドルを貯め込んでいたバフェットは姉のドリスを誘ってシティーズ・サービスの株6株を1株約38ドルで購入、40ドルで売却、5ドルずつの利益を得る。これがバフェットの初めての株式投資だが、その後、株価は200ドルを超え、バフェットは多くの教訓を得る。

1944年

初めて所得税を申告。

「僕は30歳になるまでにミリオネア（百万長者）になる」と宣言。お金持ちになるよりも「お金を増やす」ことに関心を持っており、図書館で読んだ『1000ドル儲ける1000の方法』に感銘を受け、その内容を実践し始める。

1945年

新聞配達で既に2000ドル以上貯めていたバフェットは、オマハの金物屋に投資する他、農地40エーカーを1200ドルで購入して農場経営を経験。

〈第二次世界大戦終戦〉

1947年

高校卒業アルバムの「将来の夢」を「株式ブローカー」と書いていたバフェットは名門ペンシルベニア大学ウォートン校に入学。

1949年

同校を中退してネブラスカ大学リンカーン校に編入。

1950年

生涯の師となるベンジャミン・グレアムの著書『The Intelligent Investor（賢明なる投資家）』に感銘を受け、グレアムが教えるニューヨーク州コロンビア大学大学院に入学。

〈朝鮮戦争開戦〉

1951年

グレアムの会社で働くことを願うが叶わず、オマハに帰り、父親の証券会社で働く。保険会社ガイコに初投資。

1952年
ネブラスカ大学夜間クラスで投資原理について講義。

1954年
念願叶ってグレアムの経営する資産運用会社グレアム-ニューマンに入社。

1956年
同社が解散となり、ニューヨークを離れオマハに帰る。既に資産は17万ドルに。
初のパートナーシップ「バフェット社」設立。

1958年
計六つのパートナーシップを運営。
オマハ郊外に3万1500ドルで自宅を購入、現在に至るまで住み続ける。

1962年
のちに自身の会社となる繊維会社（当時）のバークシャー・ハザウェイ株を購入。

1965年
バークシャー・ハザウェイの経営権を取得。
「1億ドル投資して5%の利益を得るよりも、1000万ドル投資して15%の利益が上がる企業にしたい」とし、
2021年現在までに同社の株価は5万倍以上上昇している。

〈ベトナム戦争にアメリカが軍事介入を本格開始〉

1969年
バフェット社を解散して、バークシャー・ハザウェイの経営に専念。
『フォーブス』が初めてバフェットに注目、「オマハはいかにしてウォール街を打ち負かしたか」という記事を掲載。

1972年
〈ウォーターゲート事件〉

1973年
ワシントン・ポスト社に投資。

1975年
〈ベトナム戦争終戦〉

1976年
経営危機に陥った保険会社ガイコに再び投資を始め、再建に尽力。

1978年
チャーリー・マンガーがバークシャー・ハザウェイ副会長に就任。

1979年
長者番付『フォーブス400』に初登場。資産6億2000万ドル。

1985年
バークシャー・ハザウェイの繊維部門を閉鎖して、投資会社に。

1986年
『フォーブス400』(米国内の長者番付)ベスト10(第5位)に初めて入る。資産14億ドル。

1987年
〈ブラックマンデー〉

1988年
コカ・コーラ株を買い始める。

1991年
国債の不正入札によって存続の危機に立たされたソロモン・ブラザーズの暫定会長となり、危機回避に尽力。

1993年
『フォーブス400』で1位となる(2位はビル・ゲイツ)。

1997年
ニューヨーク・タイムズ紙で「オマハの賢人(Sage of Omaha)」と紹介される。

2000年
ITバブルがはじけたことであらためてバフェットの慧眼が評価される。

2001年
〈アメリカ同時多発テロ〉

２００６年
資産の85％を慈善団体に寄付すると発表。現在までに３７０億ドルを寄付。
２００７年
〈サブプライムローン問題〉
２００８年
『フォーブス４００』で1位（世界長者番付）になる。
〈リーマン・ショック〉
２０１１年
〈東日本大震災〉
初めて日本を訪れ、投資先の福島県の工場を訪問。
２０１２年
前立腺ガンであることを公表。
２０２０年
〈新型コロナウイルスの感染拡大〉
２０２１年
コロナ禍の影響を乗り越えてバークシャー・ハザウェイの第1四半期の決算は70億ドルの営業利益を計上。
後継者にグレッグ・アベル副会長（58）を指名。
世界で6人目となる個人資産１０００億ドル以上の大富豪の仲間入り。

ブックデザイン　金澤浩二
装丁写真　ロイター／アフロ
DTP　エヴリ・シンク
校正　あかえんぴつ
本文イラスト　UTA

ウォーレン・バフェットの「仕事と人生を豊かにする8つの哲学」　目次

哲学1

〈バフェットの見方〉

短期ではなく「圧倒的長期」でものを見る

哲学2 周りの声に惑わされず、自分の頭で考える

〈バフェットの考え方〉

哲学3

自分の「能力の輪」を決して出ない

〈バフェットの守備範囲〉

哲学4

原則は「損をしない」こと

〈バフェットのリスク対策〉

哲学5

〈バフェットの習慣〉

一度身につけたルールは絶対に守り抜く

哲学6

〈バフェットのお金のルール〉

毎年着実に成果を上げ、社会に還元する

哲学7

〈バフェットの時間管理〉

決して無駄遣いせず、使うべきところには徹底的に

哲学8

良い人生はお金では買えない

〈バフェットの自分磨き〉

序章

「オマハの賢人」バフェットはなぜ勝ち続けられるのか

経営者も仰ぐ「オマハの賢人」

コロナ禍でも己のスタンスを貫き続け、利益を出したバフェット。Googleのラリー・ペイジやAmazonのジェフ・ベゾスも、彼から学んだことを経営に生かしている。

第1話

グーグルのラリー・ペイジやアマゾンのジェフ・ベゾスは、バフェットから何を学び、何を経営に活かしてきたのか？

バフェットはマイクロソフトの創業者ビル・ゲイツとは長年の友人であり、自身が経営するバークシャー・ハザウェイはアップルの株を大量に保有するなど、巨大IT企業と無縁ではありません。その一方で、グーグル（親会社はアルファベット）やアマゾン、フェイスブック、テスラモーターズなどには特段の関心を示していません。

バフェットにとってiPhoneやMacなどを販売するアップルは「メーカー」であり、その圧倒的なブランド力も含めて長期間にわたって保有したい企業であるのに対し、グーグルやアマゾンなどはやはり「能力の外」（哲学3参照）にいる企業なのでしょう。

今後はグーグルがiPhoneに対抗する高額のスマートフォン（ハイエンドモデルのPixel 6とPixel 6 Pro）を発売したり、アマゾンが小型の百貨店を出店したりといった、バフェットの理解が及ぶ戦略もとるだけに、将来的にはどうなるかはわかりませんが、少なくとも今の段階では、バフェットの「能力の輪の中」に入ることはなさそうです。

こう書くとアップルを除くGAFAとバフェットは縁がないかのように誤解する人もいますが、GAFAの創業者たちにバフェットが与えた影響はとても大きなものがあります。

グーグルは2004年に株式を公開していますが、そのやり方はウォール街の常識に反するものばかりでした。**創業以来、「常識を疑う」ことでグーグルを成長させてきたラリー・ペイジとセルゲイ・ブリンらしいやり方でしたが、2人は自分たちの経営のやり方を正当化するためにバフェットの言葉を引用しています。**

2004年4月、証券取引委員会に新規公開株式を申請した際に開示したグーグルの財務状況や業務の詳細と一緒に、2人は自分たちの経営姿勢を示す手紙を添付、その中でこう書いています。

「経営チームがさまざまな短期的な目的に気を散らすのは、ダイエット中の人が三十分ごとに体重計に乗るのと同じくらい的外れなことです。ウォーレン・バフェットは言っています、四半期や一年の業績を『わたしたちが平らにすることはない』。決算の数字が本社に届くときにでこぼこしているのなら、あなたに届くときもそれはでこぼこしているのです」

(『Google誕生』デビッド・ヴァイス、マーク・マルシード著、田村理香訳、イースト・プレス)

それはグーグルの創業者2人の「長期的に最善であると思えることなら何でもする」という意思表示であり、バフェットが長く関わってきた『ワシントン・ポスト』同様に2種類の株(A株とB株)を発行することにより、創業者である自分たちの経営権を確固たるものにして、グーグルの経営をウォール街の好きにはさせないという決意表明でもありました。それを正当化するためにバフェットの力を借りたのです。

アマゾンの創業者ジェフ・ベゾスもまた、会社が困難に直面した時にバフェットの力を借りています。1994年に創業し、95年からサービスを開始したアマゾンはわずか2年後の97年5月に株式を公開しています。当時はネットバブルの時代であり、スティーブ・

ジョブズ率いるピクサーなどもこの頃に上場するなど、利益が出ているかどうかよりも会社の成長性が重視された時代です。

当時、アマゾンは「インターネットのイメージキャラクター」であり、ベゾスも「時の人」としてもてはやされましたが、2000年にネットバブルが崩壊したことでアマゾンの株価は106ドルをピークに下がり続け、2000年6月には33ドルにまで下がっていました。当然、社内には動揺が広がり、ウォール街からは利益を出すようにという圧力が強まりますが、この時、ベゾスは全社集会で「株価が30％上がったからといって30％頭がよくなったと君たちが感じることはないはずだ。それなら、株価が下がったときも、30％頭が悪くなったと感じなくていいだろう」と呼びかけるとともに、バフェットがしばしば引用していたベンジャミン・グレアムの言葉を紹介しています。

「株式市場というものは、短期的には投票機、長期的にははかりである」(『ジェフ・ベゾス果てなき野望』ブラッド・ストーン著、井口耕二訳、日経BP社)

バフェットが指摘しているように、株式市場というのは気まぐれなもので、その企業の価値に相応しい株価が常につくわけではありません。しかし長期的に見れば、会社が持つ真の価値が株価に反映されるだけに、目先の株価に振り回されてはいけないというのがバフェットの考え方でした。

当時、ベゾスはバフェットについて「だいたいウォーレンの言うことには耳を傾けないといけないんだ。かなり手厳しいことを言うが、何しろ天才だし、これまでずっと言うことが当たってきた」(『スノーボール(下)』アリス・シュローダー著、伏見威蕃訳、日本経済新聞出版社)と高く評価しています。

そして2012年に『ワシントン・ポスト』の社主であるドナルド・グラハムが会社の売却を考えた際、株主で相談相手でもあるバフェットに何人かのリストを見せて誰が相応しいかを尋ねたところ、バフェットはベゾスを「アメリカ最高のCEO」と評価、その後、アマゾンではなくベゾス個人への売却がまとまっています。

フェイスブックの創業者マーク・ザッカーバーグとバフェットに直接の接点はありませんが、**ザッカーバーグは、バフェットからさまざまな教えを受けたドナルド・グラハム(ワシントン・ポスト社主の後、フェイスブックの独立取締役)から、CEOとしての心得を教えてもらっています。**バフェットは、ドナルドの母親であるキャサリン・グラハム(元ワシントン・ポスト社主)の相談相手でもありました。

大学の学生寮で起業したザッカーバーグは創業からしばらくして、「会社のCEOになるのは、大学の寮で誰かと同室になるのとは大分違う経験だ」と気づき、グラハムに「ポストを訪問してCEOとしての仕事ぶりを見学させてもらえないだろうか」(『フェイスブック若き天才の野望』デビッド・カークパトリック著、滑川海彦、高橋信夫訳、日経BP社)と依頼、数日をグラハムと一緒に過ごしています。

ザッカーバーグはこの時多くを学んでいますが、なかでも、ワシントン・ポストの株式がA株とB株に分かれていて、会社を長期的な視点で経営するためにはこうした制度が有効であることを知り、「将来、このような仕組みが必要になる」と感じています。

バフェットは日々の株価がどうか、四半期決算がどうか、また業績見通しがどうで、見通しと実績の差異がどうだといった細かなことには関心を示しません。ウォール街の人々はこうした数字に一喜一憂し、四半期決算の数字が見通しと比べて良かったか悪かったか、来年度の見通しはどうかといった一つひとつを自分たちの商売の種にしようとします。

これは企業の経営者にとっても頭の痛い問題です。どんな見通しを出せるのか、見通しと比べて実績はどうなのか、それによって株価は上がるのか下がるのかといったことに神経をすり減らすことになるからです。それはバフェットが最強の企業の一つに数え、多額の投資を行っているコカ・コーラもかつて経験したことですが、バフェットは、こうした問題を引き起こす原因は「管理された利益」にあると指摘しています。

ウォール街が期待する利益予想に合わせるために、経営陣も株価を上げるためか、さまざまな数字の操作を行って、業績を実態以上に良いものに見せようとします。現実の数字ではなく、期待に沿うような数字をつくろうとします。こうした行為をバフェットは、レジから「後で返せばいいから」と5ドル盗み、次に10ドル、20ドルと盗み、やがてみんなを引き入れる組織的な窃盗罪になると指弾しています。

そうならないために、バフェットはこうアドバイスしています。「なにもアナリストに合わせて見通しを立てる必要はない。毎年の結果を書いた紙をくれてやればいいんだ。われわれの儲けたものが儲け、それだけのことだ」（『スノーボール（下）』）

数字がデコボコならデコボコのままでいいし、ならすことも飾り立てる必要もありません。バフェットはウォール街や投資家、格付け会社のご機嫌をとるような数字合わせが大嫌いで、それは人を欺《あざむ》く行為と考えているのです。

もちろんバフェットは、利益を出す必要などないと考えているわけではありません。

求めているのは、目先の利益や目先の株価に一喜一憂することなく、会社そのものの価値を高めることであり、長期にわたってみんなが必要とするものをつくり、サービスを提供することです。

そんなバフェットの考え方や、バークシャー・ハザウェイやワシントン・ポストが行っているA株とB株に分けるような長期的視点での経営を可能にする会社の経営手法は、グーグルやアマゾン、フェイスブックなどに強い影響を与え、これら企業の急成長を後押しすることになったのです。

第2話

東日本大震災の年、バフェットはなぜ日本を訪問し、今なぜ日本の五大商社に投資したのか？

後述するように、バフェットは日本食が大の苦手で、ソニー創業者の盛田昭夫さんとの食事では出された日本食にまったく手をつけることができなかったほどです。もっとも、当時からソニーに興味があったようで、2000年に行われた『日経ビジネス』のインタビューでは「ソニーには興味はあるが、割高」と購入を見送る姿勢を示しています。

日本株よりも韓国株や中国株への関心が高かったというのも事実ですが、そんなバフェットが福島県いわき市の工具メーカーの新工場完成式典に出席するために初来日したのは

2011年11月だったというのは驚きです。

同年3月、日本では東日本大震災が起きており、原発事故の影響もあって、多くの外国人が日本を離れたり、来日をためらったりするなか、バフェットはあえて日本に来ています。その少し前にはテスラモーターズとスペースXを率いるイーロン・マスクも来日、福島を訪れて太陽光発電の設備を寄贈していますが、こうした勇気ある行動は日本人を励ますものとなりました。

当時の日本企業を取り巻く環境はとても厳しいものでした。

輸出産業にとって急速に進む円高ドル安に加え、ユーロ安も加わったことで、かつて頼みとした欧米市場は利益の出にくい市場と化していました。韓国企業や中国企業、台湾企業の躍進も著しく、かつて日本が得意とした半導体や電気製品などの分野でも苦しい戦いを強いられていた時期です。

少子高齢化によって進む国内市場の縮小と、厳しい輸出環境に、さらなるダメージを与えたのが東日本大震災でした。これだけ悪条件が重なれば、日本企業の将来に悲観的にならざるを得ないところですが、初来日したバフェットは投資先の企業の設備の見事さや、社員の優秀さを称賛したうえで、「日本人や日本の産業に対する私の見方は変わっていません」として、こう言い切っています。

自分たちが本当にやりたいのは日本の大企業の買収であり、「もし日本の大企業から明日電話をもらって、バークシャーに買収してほしいという申し入れがあれば、飛行機に乗ってすぐ駆けつけますよ」（『日経ヴェリタス』No.194、日本経済新聞社）

日本の株式市場が長い低迷から抜け出せないなか、なぜバフェットはこれだけ自信を持って日本企業への投資を言い切れたのでしょうか。会見でこう話しています。「私だけではないと思いますが、世界中の人たちが今回の震災および原子力発電所事故後の日本を見て、やはり日本は前に進むことをやめない国だなという気持ちを新たにしたと思っています」

震災を経てもなお、バフェットの日本に対する見方は変わっていませんでした。社会や消費者にとってなくてはならないものをつくる会社で、長期にわたって競争力を持つことのできる企業であれば喜んで投資したいというのがバフェットの考えでした。

それから9年近く経った2020年8月、バフェット率いるバークシャー・ハザウェイが伊藤忠商事、三菱商事、三井物産、住友商事、丸紅の五大総合商社の株式取得を発表したことが大きなニュースになりました。

金額にして約60億ドルの投資です。バフェットにとっては、日本への投資としては過去最大級のものでした。しかし、その後、5社すべての株価が値下がりしたことで、「なぜバフェットは今さら日本の商社に投資するのか?」という疑問の声が聞かれるようになりました。バフェットは自らの口ではっきりとその理由を説明していません。

世界的なコロナ禍によって商品需要が損なわれ、有り余ったお金がバリュー（割安）株よりもグロース（成長）株へと向かうなか、日本の商社株は利益を上げていても、株式市場では取り残された存在となりました。しかし、ワクチン開発などで少しずつ落ち着きを取り戻していた世界で、忘れられていた分野の割安株が再評価されるようになるのではという期待から、バフェットは投資に踏み切ったのではないかと考えられています。

実際、バフェットは5％の持ち株比率を10％近くに高める可能性もあると認めたうえで、「将来、お互いに利点があることをしたい」（『日経ESG』、日経BP）とも話していただけに、その可能性を感じていたのでしょう。

翌2021年2月、バフェットはバークシャー・ハザウェイ恒例の「株主への手紙」を公開しましたが、それによると同社の上場株の保有額上位15銘柄には、日本企業として初めて伊藤忠商事が入ることになりました。保有額は23億ドルで、保有比率は約5％でしたが、バフェットは同社に関しては約5億ドルの含み益があると明かしています。

後述するように、バフェットはアメリカの経済が弱体化すると見ているわけではありませんが、上位15銘柄には他にも中国の電気自動車メーカーのＢＹＤが入るなど、それまでのアメリカ株偏重から少しずつ脱しつつあるようにも思えます。日本の五大商社への投資も、割安株だったことに加え、資産構成のバランスを変えていく一環とも考えられます。

福島を訪問した際、バフェットは被災地の人々を励まし、地元メディアの要請に応えて、「頑張っぺ、福島」（『日経ＥＳＧ』）と日本語でも応援したといわれていますが、主要先進国中、日本だけ経済の回復が遅れるなか、バフェットが日本株に投資しているという事実は励みであり、「日本もまだまだ捨てたものじゃない」と思わせてくれる、そんな存在がバフェットなのです。

第3話

コロナ禍でもバフェットが貫いた「Never bet against America」とは？

バフェットが率いるバークシャー・ハザウェイの上場株の保有上位15銘柄に中国企業や日本企業が登場したのは先述の通りですが、今も変わらず同社の上位を占めるのはアップルやバンカメ、コカ・コーラやアメックスといった、アメリカが誇る超優良企業です。そこにあるのは米国経済への強い信頼ですが、同時にバフェットはアメリカ以外の企業について、かつては「能力の輪の外」にあると考えていました。

その昔、「もしコカ・コーラの本社がアトランタではなく、ロンドンやアムステルダムにあったら、私たちはどうするでしょうか」という問いを自ら発したうえで、「答えはもちろん『投資する』です」と答え、「でも」と注釈をつけています。「でも、アトランタにあるときと同じように投資するかと聞かれたら、ちょっと口ごもってしまいます。国が変わると、コーポレート・ガバナンス（企業統治）や法人税制、企業の株主に対する姿勢などが微妙に変わってしまい、十分に理解できなくなるからです。同じ英語を話すイングランドであっても、アメリカの場合と同じように理解することはできないでしょう」（『ウォーレン・バフェット 自分を信じるものが勝つ！』ジャネット・ロウ著、平野誠一訳、ダイヤモンド社）

さらにこうも話しています。

「自分が生まれ育った文化でさえ、その特色や複雑さを十分理解することはできないでしょう。異文化であればなおさらです。いずれにしても、バークシャーの株主の大半はドルを支払いながら生活しています」（『ウォーレン・バフェット 自分を信じるものが勝つ！』）

前者が1995年、後者が1988年の発言です。まだインターネットが普及していない時代、「能力の輪」にこだわるバフェットにとって、たしかにアメリカに本社のある企業こそが十分に理解できる、そして長期的な成長を確信することのできるものだったことがよくわかります。

当時、ジョージ・ソロスやジム・ロジャーズなどが世界を舞台に投資を行っていたのに比べると随分と保守的な気もしますが、「巨大なアメリカ市場で利益を上げられなければ、それより小さな市場で儲けるなどただの希望的観測に過ぎない」というのがバフェットの見方であり、自分はアメリカだけで十分な利益を上げられるという自信もあってこその発言でしょう。

そんなバフェットのアメリカ経済への信頼は今も変わることはありません。

アメリカでは新型コロナウイルス禍によって一時は経済成長が鈍化し、またドナルド・トランプ前大統領時代からの政治の混乱や社会の分断という問題も抱えていますが、バフェットはバークシャー・ハザウェイの「株主への手紙」でこう書いています。

「社会の統合に向けた歩みはゆっくりで、時にがっかりさせるが、私たちは前進してきた。これからも歩み続けるだろう」

さらにこう強調しています。

「**米国が衰退する方向に決して賭けるな**（**Never bet against America**）」

そこにあるのはアメリカの経済に対する強い信頼です。

だからこそバフェットはさらなるアメリカ企業への投資を望み、それも「エレファント級」の買収を狙うと公言していますが、世界的な金余りと他の投資ファンドとの競合が激化したこともあって、大型の買収は実現せず、1380億ドルもの手元資金（2020年12月末）の一部は過去最大規模の自社株買いに回さざるを得ませんでした。

バークシャー・ハザウェイの2021年の株主総会で、バフェットは自社の事業については「予想よりかなり順調なアメリカの景気回復が事業の追い風になっている」と指摘したうえで、現在の株式市場は「カジノのように感じられる」とし、「こうした状況ではチャンスがない」ことを率直に認めています。

市場の過熱への懸念が日本企業への投資につながったり、アメリカ国内での慎重な投資につながったりしていますが、バフェットのアメリカ経済への信頼は微塵《みじん》も揺らいでいないというのが今の状況ではないでしょうか。

第4話

バークシャー・ハザウェイはなぜコロナ禍でも利益を出せるのか？

2021年5月に発表されたバークシャー・ハザウェイの第1四半期の決算が好調でした。営業利益は前年同期の58億7000万ドルから20％増加して70億2000万ドル、純損益は前年同期の大幅な赤字から117億1000万ドルの黒字となったのです。

このことから、鉄道大手のBNSF（旧バーリントン・ノーザン・サンタフェ）や自動車保険のガイコなど、傘下に多くの会社を抱える同社が、世界的なコロナ禍の最悪期を脱したのではないかと評価されています。

2020年度の第1四半期において、同社は497億5000万ドルもの赤字を計上しました。この数字だけを見れば、さすがのバフェットもコロナ禍の影響を避けることができなかったのではないかとも思いますが、この時期も営業利益という点では前年同期の55億6000万ドルから58億7000万ドルへと増加していますから、決して悪い数字ではありません。

では、なぜ497億5000万ドルもの赤字になったのかというと、コロナ禍の影響により鉄道事業では輸送量が減少したり、小売り事業も一時的な店舗閉鎖を余儀なくされたりといった影響もありましたが、最も大きな理由は株価が大幅に下がり、実に545億ドルもの評価損を計上することになったからです。

2018年1月、会計基準が変更され、株式などの価値を時価で計上することを求められるようになったため、従来の基準では純損益に計上する必要のなかった保有株の評価損を計上することになり、その年の第1四半期で同社は純損益11億4000万ドルの赤字を計上することになったのです。

これは同社のように大量の株を保有する企業にとっては株式市場の動向次第で純損益が大きく左右される可能性もあるだけに、本来日々の株価の動向など気にしないバフェットにとっては何とも頭の痛い変更だったといえます。そして2020年度の第1四半期において同社が497億5000万ドルもの赤字を計上することになったのは、まさに株式市場の影響をまともに受けたといえるでしょう。

当然、ウォール街の人々やアナリストも同社の545億ドルの評価損に注目したわけですが、それは同社を正しく評価しているとはいえないのではないでしょうか。理由は、バフェットは株式の長期保有を望み、優れた株はできれば永久に保有したいと考えており、たとえ株式市場の気まぐれによって多額の評価損が出たとしても、バークシャー・ハザウェイが実際にそれだけの経済的損失を受けるわけではないからです。

その意味では、同社に関して見るべきは、実際にどれだけの利益を上げたかとなります。バークシャー・ハザウェイの2020年の決算は次の通りです。

	2020年	2019年
営業利益	219億2200万ドル	239億7200万ドル
純損益	425億2100万ドル	814億2000万ドル

新型コロナウイルスの感染拡大を背景に保有株式の評価損や事業の減損損失が膨らんだものの、営業利益に関しては219億2200万ドルを確保したところに同社の底力を感じます。そして迎えた2021年第1四半期の数字が好調であり、一部を除いて同社の多くの事業が収益面で「大幅な拡大」へと向かいつつあることから、同社は最悪期を脱したと評価されたのです。

もちろん今後も株式市場の動向次第で同社の決算数字が変動することは十分考えられますが、注目すべきは、バフェットは所有している株式の長期所有を基本としているため、評価損はあくまでも紙の上のものに過ぎないということです。

また、バフェットが決算数字をよく見せようと、他の企業がやるように所有する株を売ったり買ったりして「数字をつくる」こともないということです。

バフェットにとって株式はただの紙切れではなく、あくまでも「事業の一部」です。可能な限り長く所有したいし、できるなら永久に持ちたいというバフェットの投資原則を知れば、バークシャー・ハザウェイの決算については、ウォール街の見方とは少し違う見方ができるのではないでしょうか。

第5話

バフェットはいかにして「オマハの賢人」となり得たのか？

ウォーレン・バフェットは1930年、父ハワード、母リーラの第二子、長男として生まれました。大恐慌の翌年のことです。

株式仲買人だった父親は株が売れず、お金を預けていた銀行も破綻するなど、しばらくは厳しい生活が続きますが、バフェット・スクレニカ&カンパニーを開業した父親は保守的な投資にこだわることで少しずつ実績を積み、ほどなくして「安楽に暮らせる中流階級の中ほど」の生活レベルになったといいます。

当時のことをバフェットはこう振り返っています。

「子供のころ、いいことばかりに囲まれていた。いろいろおもしろい話をする人たちがいる家だったのは、ありがたいことだった。それに、両親は知的で、私はいい学校に行けた。あれほど理想的な親はほかにはいないと思う。それがとても大切なことだった。（中略）生まれた場所と時期がすばらしかった。いってみれば、〝卵巣の宝くじ〟で大当たりしたんだ」（『スノーボール（上）』）

やがてバフェットは小さなビジネスを始め、それで蓄えたお金で初めての株式投資に挑戦するなど、早い時期から「お金を増やす」ことに強い興味を持っていました。そして高校を卒業する頃には、卒業アルバムの自分の写真の下に「株式ブローカー志望」と将来の夢を書き添えています。

それほど金融や投資への関心が高かっただけに、幼い頃から図書館の本や、下院議員の父親に頼んで国会図書館の本をむさぼるように読んでいたバフェットですが、**ネブラスカ大学リンカーン校時代、出版されて間もないベンジャミン・グレアムの『The Intelligent Investor（賢明なる投資家）』を読んだことでその後の人生が決まります。**

バフェットはグレアムの教えるコロンビア大学の大学院に進み、１９５４年から56年までグレアムが経営するグレアム−ニューマン社で働くなど、グレアムの教えを貪欲に学び続けています。

その甲斐あってグレアム−ニューマン社の解散によって生まれ故郷のオマハに帰り、パートナーシップを設立したバフェットの手元には17万4000ドルの資金があり、当時年60％以上の割合でお金を増やしていたバフェットであれば、そのお金を運用するだけで目標だったミリオネアになることが可能でした。そのためバフェットは、一時期は引退して自分のお金の運用だけをすることも考えましたが、「より速く」を望むバフェットは別のパートナーシップの設立に踏み切ったのです。

1956年、7人のパートナーからなるパートナーシップ「バフェット・アソシエイツ」を設立したバフェットは、パートナーと、利益が4％を超えたらその分の50％をとり、4％に達しなければ足りない分の25％を負担する（上限はなし）という契約でスタートします。

その後、バフェットは10年余り、計五つのパートナーシップを運営することになりますが、その間のバフェットの運用成績は「＋1156％」（『ビジネスは人なり 投資は価値なり』ロジャー・ローウェンスタイン著、ビジネスバンク訳、総合法令出版）と驚異的なものでした。

1966年、バフェットのパートナーシップの総資産は4400万ドルに達していました。しかし、この当時のバフェットはオマハという片田舎で活動する「一投資家」に過ぎず、金融業界などから特段の注目を集めることはありませんでした。

それどころかバフェットはパートナーシップの解散さえ考え始めていました。繊維会社（当時）のバークシャー・ハザウェイの経営に専念したいという思いもあり、パートナーシップに関してはこれまでの素晴らしい成績を損ねることなく、「英雄としてやめたい」（『スノーボール（上）』）と宣言しています。

そんなバフェットに注目したのが『フォーブス』です。1969年、同誌はバフェットを特集、「オマハはいかにウォール街を打ち負かしたか」一九五七年にバフェット・パートナーシップに投資された一万ドルは、今や二六万ドルになった」「一度たりとも損をした年はなかった……バフェットは基本的な投資原則をずっと維持してこれを達成した」（『スノーボール（上）』）という刺激的な見出しや記事が注目を集め、以後、人目につく記事にバフェットはたびたび登場するようになったのです。

バフェットが投資家としてだけでなく、ビジネス界の有力者としても認知されるようになったのは、1973年に有力紙『ワシントン・ポスト』の大株主になった頃からです。バフェットは子ども時代、新聞配達でお金を稼いでいますが、元々新聞が大好きでバッファロー・イブニング・ニューズなどの新聞社の買収なども行っています。それでも『ワシントン・ポスト』の知名度や信頼度、メディアとしての格は圧倒的でした。

6年後の1979年、バフェットは長者番付「フォーブス400」に初登場（資産6億2000万ドル）し、86年には資産14億ドルでベスト10に初めて登場しています。

バフェットは「有名なお金持ち」の仲間入りをしたわけですが、ここまでなら「有名なお金持ち」という評価のままだったでしょう。しかし、1991年に国債の不正入札で危機に陥ったソロモン・ブラザーズの暫定会長に「年俸1ドル」で就任、見事な手腕を発揮したことで政府や金融界の信頼を得て、人々の尊敬を集めるようになったのです。

当時、自らの名声についてバフェットは次のように話しました。

「私が他人にお金のことで助言するのがもっとも得意だったのは、二一歳のときだった。だれも私の話を聞かなかった。どこかで立ちあがってすごく賢いことをいっても、たいして注意を払われなかった。いまは世界一愚かなことをいっても、そこになにか隠れた重大な意味があるとみんなが考える」(『スノーボール(下)』)
以来、バフェットはかつてのバブル期もそうであったように、ITバブルの時も投資姿勢を変えることはなく、一時的には「時代遅れ」と揶揄されながらも最終的には「バフェットの正しさ」にみんなが脱帽しています。
リーマンショックの引き金ともなったサブプライムローンなどにも常に厳しい姿勢を取り続けるなど、バフェットの投資姿勢は高く評価されたほか、ビル&メリンダ・ゲイツ財団への多額の寄付を表明した際には、バフェットの姿勢に倣い、慈善事業への参加を決めた有名人も少なくありませんでした。フォーブス紙によるとバフェットは、5年連続でアメリカ国内で最高額の寄付をしていたこともあります。
こうした行動や言動があってこその「オマハの賢人」なのです。

そんなバフェットも2021年現在、91歳です。
2021年には二つの大きな出来事がありました。一つは個人資産が1000億ドルを超え、世界で10人程度(ジェフ・ベゾス、イーロン・マスク、ビル・ゲイツ、ベルナール・アルノー、マーク・ザッカーバーグ、ラリー・ペイジ、セルゲイ・ブリンなど)しかいない大富豪の仲間入りをしました。もちろん最年長です。

そしてもう一つは、バフェットが自らの後継者にバークシャー・ハザウェイの副会長グレッグ・アベルを選んだことです。かねてよりバフェットの後継者は誰かが話題となっていましたが、バフェットは「万が一のことが起きた時はグレッグが引き継ぐ」と明かしました。

バフェットはかつて世界一のお金持ちになった時、「次は世界一の長寿を目指そうかな」と話していましたが、今もまだ現役で活躍するバフェットを見ていると、それも決して夢ではないように思えてきます。

自分が最も好きなことをやりながら、「世界一の投資家」と呼ばれ、「世界一のお金持ち」となり、それでいて尊敬の念を込めて「オマハの賢人」と呼ばれるバフェットの人生ほど幸せな人生は、広い世界でもあまりないのではないでしょうか。

どうすればバフェットのような豊かな人生を生きていくことができるのか？　それを可能にしたバフェットの人生哲学を見ていくことにします。

序章

〈バフェット・メモ〉

実はGAFAにも
大きな影響を与えている

東日本大震災後でもコロナ禍でも、
日本企業を評価した

ウォール街が目先の株価に
一喜一憂するのに対し、
バフェットは会社そのものの価値を
見定め、高めることを目標とする

自社の決算数字をよく見せるために
所有株を売買したりしない

哲学 1

〈バフェットの見方〉

短期ではなく「圧倒的長期」でものを見る

目先の利益に踊らされるな

幼い頃の手痛い経験からバフェットが学んだのは「目先の小さな利益に踊らされるのは最も愚かである」ということだった。

株式の所有期間は「永遠でも良い」というのがバフェットの考え方です。

バフェットの師であるベンジャミン・グレアムは「投資家は、1年程度ならば何とも思わずに持ってしまう」といっているように、株式の長期所有を推奨していましたが、もう1人の師匠ともいえるフィリップ・フィッシャーは、株を売る理由は、①購入時の判断ミス、②成功企業が失敗を経て投資価値を失う、③もっと有望な成長株に乗り換える――の三つしかなく、本物の成長企業には「売り時など存在しない」と言い切っていました。

そしてバフェットは、2人の師以上に長期保有を理想としています。

そう考えるようになった原因となる体験が二つあります。

一つは11歳で初めて株式を購入した時の体験です。1942年、小さなビジネスを続けることで120ドルを貯め込んだバフェットは、姉のドリスを誘ってシティーズ・サービスの優先株式（Preferred stock）を3株ずつ購入します。株価は38ドル25セント、3株で114ドル75セントです。

当時のバフェットは株のことも会社のこともよく知りませんでしたが、父ハワードが推奨する株というのが購入の理由でした。株価が下がった時、ドリスから連日責め立てられたバフェットは、株価が40ドルに回復した際に売り、2人合わせて5ドルの利益を手にしますが、のちに同社株は202ドルまで高騰。バフェットはこの経験から、①買った時の株価ばかりに拘泥《こうでい》してはいけない、②よく考えないで慌てて小さな利益を得ようとしてはいけない——という教訓を得ています。

もう一つの体験は、大学を卒業した後、父親の証券会社でブローカーとして働いていた時のものです。バフェット自身は当時夢中になっていた保険会社ガイコのような株を長く持ち続ける方がいいと理解していましたが、それでは顧客が売買を繰り返すことで得られる手数料が入ってきません。証券会社と顧客の利益相反というジレンマに悩んだバフェットは、のちにバフェットと顧客が運命共同体となるパートナーシップを運営するようになりますが、この時の経験を経て、バフェットは「ずっと持っているのがいい」ことを確信するようになりました。

株式投資は短期ではなく長期でものを見るというのが、バフェットの変わらぬ考え方なのです。

第1話

目先のことに一喜一憂する必要はない

株の売買を行う人にとって、日々の株価の動きほど気になるものはありません。1日どころか、1時間単位、1分、1秒単位で株価の動きを追い「いつ売るか」「いつ買うか」を瞬時に判断することこそ株式投資で成功する唯一の方法であると思い込んでいる人もいるのではないでしょうか。たしかにこうしたやり方で大金を手にする人がいるのも事実です。

あるいは、そこまでではなくても、自分の所有する株の株価がどうなったかは、売る・売らないは別にして大いに気になるところです。株価が上がれば嬉しいし、下がれば自分のお金が目減りしていくようでやきもきします。そしていつ売れればいくら儲かるか、損失はいくらになるかという計算に余念がありません。これが一般的な株式投資のイメージですが、バフェットのやり方はこうした日々の株価を気にするやり方とは対極にあります。毎日、何千と目にする株価の動きに関心を払わないどころか、こんなこともいっています。「株価の変動に着目して値幅取りをするつもりはありません。仮に、株式を購入した翌日に市場が閉鎖され、その後五年間取引が行われないという事態になっても、私はいっこうにかまいません」（『ウォーレン・バフェット 自分を信じるものが勝つ！』）

株価の日々の上下を気にしないどころか、株の売買ができなくなってもかまわないというのがバフェットの考え方です。

なぜそんなことができるのでしょうか？

理由は、①短期ではなく長期でものを見ていることと、②株券ではなく事業そのものに投資する、という方針を貫いているからです。

２０１１年夏、バフェットはアメリカの大手銀行バンク・オブ・アメリカの優先株に50億ドルを投資したものの、株価はその後も下がり続けました。そこで、「（株価が下がり続けている会社に投資したことを）後悔していませんか」と尋ねる『日経ヴェリタス』の記者にこう答えました。「長期の視点で投資しているのです。今日や明日、来月に株価が上がろうが下がろうが、私にはどうでもいいのです。バンク・オブ・アメリカが5年後、10年後にどうなるかが大切なのです」

バフェットによると、同社には解決すべき問題がいくつもあるものの、それは数か月で解決できるようなものではなく、解決に5〜10年はかかるといいます。そのためにCEOは素晴らしい仕事をしているし、問題があったとしても同社のアメリカ最大規模の預金量や事業基盤は魅力的でとても良好なのだから、目先のことに一喜一憂する必要はないというのが当時のバフェットの言い分でした。

バフェットの言葉通り、バークシャー・ハザウェイが公開している「上場株の保有上位15銘柄（2020年12月末時点）」の第2位には今もバンク・オブ・アメリカが載っています。そして今、その保有額は実に313億ドルに達しています。

バフェットにとって投資するに値する企業というのは、成長し続ける企業です。そしてこの成長は「ほんの束の間の成長」ではなく、可能な限り長く続くものであることが肝心なのです。

企業は、たとえ売上が下がっていても、または伸び悩んでいる状況でも、一度限りの好決算を出すことができます。大胆なリストラを行うとか、持っている資産を売却するといった方法を使えば、株価を一時的に押し上げるくらいの利益を出すことはできます。

あるいは、ブームといっていいほどの「追い風」に乗って、売上や利益を大きく伸ばす企業もあります。たとえば、ゲーム業界のように大ヒット製品が出ることで、売上を大きく伸ばしたものの、ブームが去った途端に低迷したり、メーカーであれば大量の在庫を抱えて経営が危機に陥ったりするというのもよくあることです。

企業が成長し続けるには、幸運だけでは無理で、優れた経営力や卓越した研究開発力といった多くの要素が欠かせません。それらがあって初めて企業は成長し続けることができるわけですが、こうした企業でさえ毎年、増収増益を続けることができるとは限りません。時には次なる成長に向けて痛みを伴う改革を必要とすることもあれば、今回の新型コロナ禍のように企業の力だけでは対応しきれない逆境に襲われることもあります。

だからこそ、企業の成長は、1年単位で見るのではなく、より長い目で見ることが必要なのです。バフェットにとって投資すべき企業とは、パッと咲いて、パッと散る企業ではありません。長いスパンで見た時にしっかりと成長し続けるだけの力を持った企業であれば、その間に株価が上がろうが下がろうがそんなことはどうでもいいというのがバフェットの考え方なのです。

第2話 自分がほれ込んだ企業なら、何十年でも付き合う

バークシャー・ハザウェイはいくつもの企業を傘下に抱えていますが、たくさんの企業群の中でバフェットが最初に投資したのが、米国第2位の自動車保険会社ガイコ（1936年創設、1996年に傘下に入る）です。バフェットがガイコのことを初めて知ったのはコロンビア大学大学院時代のことです。きっかけはグレアムの会社グレアム－ニューマン・コーポレーションが同社株の大半を所有していたことでしたが、その半分以上を手放したことを知ったバフェットは「ガイコとはどういう会社だろう？」と興味を持ち、ニューヨークからワシントンD.C.まで始発列車に乗って同社を訪問しています。

そこで財務担当副社長のロリマー・デービッドソンを質問攻めにしたバフェットは、同社が当時としては革命的ともいえた「代理店を使わず、通信販売することで、自動車保険

をより安く販売」していることを知り、そのビジネスが「ぜったいに成功間違いなし」と確信、周囲の反対を押し切って自分のポートフォリオの4分の3を売り払い、その代金でガイコを３５０株購入しています。

当時のバフェットのガイコへの入れ込みようは凄まじいもので、証券会社のブローカーとして顧客に株式を頻繁に売買させることで手数料を稼がなければならないにもかかわらず、ガイコの株を勧めて、「20年ずっと持っているのが一番いい」「失業保険の代わりにこの株を買っておくことをお勧めしますよ」というほど力を入れています。

その後、バフェットとガイコの縁は一時的に切れますが、１９７５年に再びガイコに注目したバフェットは、経営危機に陥ったガイコの株を再度取得、その再建にも尽力することで、やがてバークシャー・ハザウェイの傘下に迎え入れています。初めて同社株に投資したのが１９５１年ですから、実に70年来の付き合いということです。

自分がほれ込んだ企業であれば、これほど長く所有するのがバフェットのやり方です。

こうした長期保有はウォール街の住人にはなかなか受け入れがたいことですが、先述したようにバフェットはグレアムの1年程度どころか、永久に持つことさえいとわないという考え方をしていて、こんなことをいっています。「私たちは、企業を買うのが好きです。売るのは好きじゃありません。傘下に収めた企業との関係が一生続くことを希望しています」（『ウォーレン・バフェット 自分を信じるものが勝つ！』）

傘下に入っている企業はもちろん、アップルのように傘下に入っていない企業も含め、バフェットが投資する企業は強い競争力を持つ優れた企業であり、その経営者も優れた人材であるというのが大前提です。

そんな優れた企業がそこそこの価格で買えるなど、そうあることではありません。だとすれば、そういう企業に出会えたなら、できるだけ長く、可能なら永久に保有し続けたいというのがバフェットの考え方です。もし目先の利益だけを追う投機家ならもちろんそんな必要はありません。株価が上がったり下がったりしたその瞬間を見逃すことなくぱっと買って、利益が出たらぱっと売ってしまえば、それで目的を果たしたことになります。

ましてや、最近アメリカで急増し注目されているＳＰＡＣ（特別買収目的会社）の、所有や経営ではなく買収そのものを目的とし、２年で買収先が見つからなければさっさと解散するというやり方は、バフェットが最も忌み嫌うものです。報酬だけを目的とするＳＰＡＣブームを「killer（破壊的影響をもたらすもの）」と表現しています。

もし本物の投資家でありたいのなら、次のような心構えが必要だといっています。「喜んで10年間株を持ち続ける気持ちがないのなら、たった10分でも株を持とうなどと考えるべきですらないのです」（『バフェットからの手紙』ローレンス・A・カニンガム著、増沢浩一、藤原康史、井田京子訳、パンローリング）

たとえ長く保有するつもりで投資をしたとしても、日々の株価の変動や、市場全体の動き、もっと実入りのよさそうな株の出現など投資家の気持ちを揺るがす出来事も少なくありません。株価が大きく下げれば、先々への不安から売りたくなるのも仕方のないことですし、自分が持っていない株の値段が上がれば、「こっちを売って、あっちに乗り換えた方がいいのでは」という「グッドアイデア」が閃《ひらめ》きます。

投資の世界ではこうした株価の変動はもちろんのこと、新たな魅力的な株の出現もあります。つい売りたいとか、買い換えたいという誘惑に駆られることも少なくありませんが、そんな誘惑に駆られてあっちへふらふら、こっちへふらふらしていると、バフェットになることはできません。本物の投資家になるためには株を持ち続ける強さ、誘惑に打ち勝つ努力も必要であり、バフェットのような固い信念の持ち主こそが、真の成功者になることができるのです。投資に限らず、すぐに揺れ動くような信念は信念とは呼べないのです。

第3話

見るべきは株価ではなく成長性やブランド力であり、買うべきは株券でなく永続的に収益を生んでくれる事業である

ベンジャミン・グレアムによると、あなたが企業に投資をすると、そこにはもう1人の共同出資者「ミスター・マーケット」(『賢明なる投資家』ベンジャミン・グレアム著、土光篤洋監修、増沢和美、新美美葉訳、パンローリング)が付いてくるといいます。ミスター・マーケットの役目はこうです。彼はあなたの持ち分の現在価値に関する自分の考えを毎日教えてくれ、時にはその価格であなたの持ち分を買い取ってもいいし、同じ単位で持ち分を

分けてもいいと提案します。その評価は適切に思える時もありますが、時には理性を失い常軌を逸した提案をしてくることもあるといいます。ミスター・マーケットはグレアムが創造した架空の人物です。この人物は株を売買して、時に適切な価格を付けることもあれば、時に不合理な価格を付けることもあります。こうした気まぐれに付き合って、一緒になって一喜一憂したり株の売り買いをしてはならないというのがグレアムの考え方です。

バフェットも同じです。グレアムの時代以上に、今はたくさんの情報が溢れ、株価の動きもまさに秒単位、分単位で動き、投機家はその動きに一喜一憂しますが、バフェットはたとえ何百、何千という株価を目にしたとしても、ほとんど関心を示すことはありません。

そんなバフェットにとっては、15年勤めたソロモン・ブラザーズを39歳で解雇され、総合情報会社ブルームバーグを創業したマイケル・ブルームバーグが世に送り出し、大ヒットしたブルームバーグ端末も不要のものでした。

部下3人と起業したブルームバーグが手掛けたのは、自身の金融とコンピュータの経験が活かせる証券データの収集サービスであり、数学の素人でもわかる情報分析の提供でした。当時、金融や証券に関わる中小企業や個人は多額の費用をかけて情報を集め、算盤や計算尺、電卓で処理していただけに、高度なシステムを、使いやすく提供するブルームバーグのサービスがヒットしたのは当然のことでした。

証券市場で勝つためには情報こそが命であり、いかに速く正確に情報を手にするかはみんなが望んでいたことでした。メリルリンチを皮切りに多くの企業が導入するなか、当然、バークシャー・ハザウェイにも売り込みがかけられます。同社の社員が3年にわたって売り込みをかけましたが、バフェットの答えは常に「いらない」でした。

バフェットにとって、市場を分単位で追いかけ、コンピュータを操作して売り買いをすることは、投資の手法ではなかったのです。

バフェットが見ていたもの、それは日々上下する株価ではなく、それが投資に値する事業なのかどうかでした。14歳の時に1200ドルで購入した40エーカーのオマハの農場を例にこう話しています。「このオマハの農場を買おうとするときに、毎日、その値段ばかりを見ている人はいません。買い値に対して、どれくらいの生産高が見込めるかというところを見るでしょう。株式投資もそれと同じです」（『バフェットの株主総会』ジェフ・マシューズ著、黒輪篤嗣訳、エクスナレッジ）
農地を買ってすぐに売るという、言わば「土地ころがし」を考えていると、たしかに日々の価格は最大の関心事かもしれませんが、その農場を売るのではなく、その農場からたくさんの収穫を得たいなら、見るべきはどれだけの生産量が見込めるかです。

一方、そこから得られるものを考慮せずに投資をすると何が起きるでしょうか?

父親の証券会社でブローカーをやっていた頃、バフェットは嫌になっていたブローカー以外の仕事で利益を得ようと友人と一緒にガソリンスタンドを買っています。

隣にはライバルのテキサコのガソリンスタンドがありました。バフェットは肉体労働が苦手でしたが、それでも笑顔でフロントウィンドウを拭き、新しいお客を集めようと懸命に働きました。しかし長年商売を続け、たくさんの常連を持つテキサコにはいつも売上、客数ともに負けていました。購入前、価格だけを見て生産量を見ていなかったバフェットは最終的に2000ドルを失いますが、ここでの経験を通して、長年にわたって築かれる「カスタマー・ロイヤルティの力を知った」(『スノーボール(上)』)と振り返っています。

バフェットにとって企業は農場やガソリンスタンドと同じで、どれだけの収益が得られるかが関心事であり、日々の株式の売買によって利益を得ようという気などまるでありませんでした。見るべきは株価ではなく成長性やブランド力であり、買うべきは株券でなく永続的に収益を生んでくれる事業なのです。

第4話

10年後に生き残る可能性が高いのは、アプリよりアイスクリーム

株式投資を行う時、たいていの人は株価の動きを見ながら「今は買い時か」「今は売るべき時なのか」を判断しようとしますが、バフェットはそれよりももっと見るべき点があると指摘しています。「大事なのは商品そのものが長期間持ちこたえられるかどうかを考えることです。その銘柄を買うべきか売るべきかを延々と考えるよりも、そちらのほうがはるかに実りが大きいとは思いませんか」（『バフェットの投資原則』ジャネット・ロウ著、平野誠一訳、ダイヤモンド社）

たとえば、バフェットが好んでやまないコカ・コーラにはたくさんの「物語」があります。

コカ・コーラを今日のような世界的な飲み物、アメリカの国民的な飲み物に育て上げたのはロバート・ウッドラフです。ウッドラフの父親が1919年にエイサ・キャンドラー一族からコカ・コーラ社を買収、ホワイト・モーター副社長だったロバートを社長に任命しています。当時のコカ・コーラは借金だらけの厳しい経営を強いられていましたが、ウッドラフはモータリゼーションの波に乗るべく幹線道路沿いの屋外広告の看板を買いまくり、コカ・コーラの商標をあしらったカレンダーや紙ナプキンを全米中にばらまきました。すべてはコカ・コーラを国民的な飲み物にするためでした。

コカ・コーラのイメージを確固たるものにしたのは第二次世界大戦中、ウッドラフがコストを度外視してどの戦地でも兵士が5セントでコカ・コーラを買えるようにあちこちの戦地に工場をつくったことでした。

やがてたくさんの伝説が生まれました。訓練中に衝突して一命をとりとめたパイロットが意識を取り戻して最初に「飲みたい」といったのはコカ・コーラであり、ノルマンディーの上陸を指揮したアイゼンハワーは「何か欲しいものは」と聞かれると、いつも「コークを持って来てくれ」と答えていました。

バフェットによると、コカ・コーラが株式を公開した1919年に初値40ドルで株を買った人が途中の価格変動を無視して持ち続け、配当もすべて再投資していれば、60年余り後の82年には180万ドルの価値を持つことになったといいます。コカ・コーラは戦争や恐慌に負けることなくその「価値」を上げていたのです。

そして今も、バークシャー・ハザウェイの上場株の保有上位15銘柄（2020年12月末現在）の第3位にはコカ・コーラ（保有額219億ドル）が君臨していますし、バフェットが1963年の株価急落中にオマハのレストランや店を調査することで、そのたしかなブランド力を確認したアメリカン・エキスプレスは第4位（保有額183億ドル）と揺るぎない地位を守り続けています。

コカ・コーラほどの物語はなくとも、バフェットは企業が持つブランド力や、みんなに愛される製品をつくる力を高く評価しています。

以前、なぜ成長著しいIT関連企業に投資しないのかと聞かれたバフェットは自信を持ってこう答えています。IT関連ではなく、デイリークイーンを買収した直後のことです。「デイリークイーンのアイスキャンディーが10年後も生き残っている可能性は、どんなアプリケーションソフトが生き残っている可能性よりも高いでしょう」（『バフェットの株主総会』）

バフェットの投資基準は、みんなの生活にとってなくてはならないもの、お金を出してどうしても買いたいものをつくっている企業で、どの分野であれ強いブランド力を持つ企業のことです。

「信頼できるもの、そして10年、20年、50年経っても欲しいとみんなが思うものを作っているかどうか、これが私が投資判断するうえでの基準です」（『日経ヴェリタス』No.194）

バフェットにとって見るべきは目先の数字ではありません。その企業の持つ商品がどれほどの価値を持ち、それが10年、20年と価値を持ち続けるものかどうかです。投資で見るべきもの、それは昨日、今日の株価の動きではなく、企業や製品の持つ長期的な価値なのです。短期で見れば華々しい活躍を見せる企業、素晴らしい収益を上げる企業はいくつもありますが、そうした企業の多くが3年先、5年先、10年先に光り輝いている可能性はそれほど高くありません。

「偉大な企業とは、今後25年から30年、偉大であり続ける企業のことです。私はそう定義します」（『ウォーレン・バフェット 自分を信じるものが勝つ！』）というバフェットの言葉こそが、株式投資において見るべきは何かを端的に示しています。

第5話

最終的に成功するのは、ギャンブラーではなく小さな利益を積み重ねた人

「ギャンブルをしたいという衝動は、賭け金が小さく、かつ賞金の額が大きいときに増幅されます」(『ウォーレン・バフェット 自分を信じるものが勝つ!』)はバフェットの言葉です。バフェットによると、当たる確率やオッズがどれほど小さくとも、手にする賞金が大きければ大きいほど人は集まるといいます。

『バフェットの株主総会』の著者で、バフェットの投資原則をよく知るジェフ・マシューズでさえ「当選金額が繰り越されて1億ドルに達しているなら、私はパワーボールを買う」

（『バフェットの株主総会』）と書いているほどですから、一瞬にして大金を手にできるチャンスは人を確率など関係なしにギャンブルへと引き込むことになります。わずか1ドルで、もしかしたら1億ドルが転がり込むかもしれないという、そんなチャンスはギャンブルでしか得ることはできません。

こうした人々の心理をバフェットは見事についています。「来週抽選が行われる宝くじと、少しずつ金持ちになるチャンス――人はたぶん、前者のほうに可能性を感じてしまうのでしょう」（『ウォーレン・バフェット 自分を信じるものが勝つ！』）

たいていの人が魅せられる「1ドルで1億ドルのチャンス」に、バフェットが魅せられることはありません。その確率はとても低いものであり、バフェットなら宝くじを売って、利益を少しずつ上げ、投資によって増やしていくだろう、というのがバフェットをよく知る人の見方です。

実際、バフェットはギャンブルの代表格ともいえる競馬場で16歳の頃、「ステーブル・ボーイ・セレクションズ（厩務員特選馬）」という予想紙を販売していたことがあります。情報と数字を集めるのが得意なバフェットは友人と一緒にタイプライターを使って勝ち馬の予想紙をつくり、他の予想紙よりも安い価格で販売していました。

競馬場に手数料を払うことで許可されるものの、手数料を払うのを嫌ったバフェットの予想紙はしばらくして販売を禁止されるのですが、競馬場に来る人を相手に商売をするというのはまさに宝くじを買うのではなく売るという発想に近いものがあります。

しかし、そんなバフェットも、一度は馬券を買って勝負に出たことがあります。

「1 一レースだけで帰るものはいない。2 損するレースに賭けなくてもいい」(『スノーボール(上)』)は、バフェットが発見した「競馬場の原則」です。

競馬場は客が損をするまで、それこそすっからかんになるまで賭けることをあてにしています。客がそうやって夢中になればなるほど、競馬場は儲かるからです。

バフェットはこの原則をとてもよく理解していましたが、ある日のこと、1レースをはずしても帰ろうとはせず、さらに賭け続けた挙句、大きく負けが込み、175ドルも損をしてしまいました。新聞配達1週間分の稼ぎが消えてしまいました。

ホットショップス(ファミリーレストラン)へ行き、そこで一番高いサンデーを頼んだら、本当にすっからかんになってしまい、バフェットはこう振り返っています。「胸がむかむかした。そういうことをやったのは、それが最後だ」(『スノーボール(上)』)

ギャンブルで損失を出した人は、なぜか同じギャンブルで取り返そうとする傾向がありますが、現実にはそこから利益が生まれることは滅多にありません。バフェットにとって、「競馬場の原則」は生涯、守るべきものの一つとなっています。

余談ですが、これについてはアメリカ前大統領ドナルド・トランプも同じ考えです。彼はこういっています。「私はばくちを打ったことは一度もない。私にとってばくち打ちとは、スロット・マシンをする人にすぎない。私はスロット・マシンを所有する方を好む」

バフェットから見ると、ウォール街で行われていることもギャンブルに近いものがあります。大量の資金を借り入れて、株価のちょっとした動きに乗じて利ザヤを稼ごうとするのは騒々しいカジノと同じで、それは、長期的な視点から有望な企業を探して資金を投じるバフェットの流儀とは相いれないものとなっています。

人は宝くじにせよ、ギャンブルにせよ、株式の売買にしろ、できるなら一瞬にして大金を手に入れたいと願うところがあります。しかし、最終的に大金を手にするのはバフェットのように少しずつ金持ちになる努力を積み重ねた人たちなのです。

バフェットは11歳で初めての株式投資を行い、49歳で『フォーブス400』に登場、56歳でベスト10に入り、今もその座を守り続けています。

哲学 1

〈バフェット・メモ〉

投資に値する企業とは、
成長し続ける企業である

視点の持ち方は「1年単位」でも短い

一度だけ、競馬に熱中してしまい、
負けて悔しい思いをしたことがある

コカ・コーラ社との付き合いは34年、
アメリカン・エキスプレス社との
付き合いは58年（2021年時点）

哲学 2

〈バフェットの考え方〉

周りの声に惑わされず、自分の頭で考える

考えることを放棄するな

常に自分の頭で考え、自分自身の判断基準を持つことは、賢い人にとっても容易ではないが、これができる人は成功する。

バフェットによると、勝負ごとに勝つコツの一つは何も考えていないレース参加者が多い集団に加わることであり、もう一つは自分の頭で考えることです。

先述したようにバフェットは16歳の頃、競馬場で予想紙を販売していましたが、そこで感じたのは、競馬場には何も考えていないレース参加者がたくさんいることでした。

ジョッキーの勝負服の色をもとに賭ける人間もいれば、誕生日の数字に賭ける人間もいて、なかには名前で選ぶ人間もいるほどで、大半の人は考えることをせず、きちんと分析して賭けていませんでした。

こうした何も考えていない集団に加われば、勝負に勝つことができるというのがバフェットの考えでした。こういうと、実際に株式投資をしている人たちから「自分たちは熱心に研究をしているし考えている」という反論があるかもしれませんが、それが本当の意味で「自分の頭で考えているか」というと怪しくなるのが、株式投資の世界です。

ベンジャミン・グレアムがこんなことをいっています。

「ウォール街で株式を売買する有能な実業家の多くが、自分の事業で成功するに至った原理原則を全く無視して投資行為に挑もうとするのには、ただ驚くばかりである」(『賢明なる投資家』)

事業で成功するためには、その分野のことを知り尽くしたプロであることが必要で、かつ誰よりも経営者自身が自分で考え懸命に努力することが必要ですが、そんな努力により成功した経営者がなぜか株式投資となると他人を頼り、他人のアドバイスにうかうかと乗ってよく知らない株に投資するなど、「自分で考える」ことを放棄するというのがグレアムの指摘です。

バフェットはさらに辛辣でした。

「ロールスロイスに乗る人間が地下鉄を使う人間からアドバイスを受けるところは、ウォール街以外にありません」（『スノーボール（下）』）

ブローカーやアナリストに相談したりせず、「物事は自分の頭で考えるべき」（『スノーボール（下）』）であり、自分の「判断が正しいと確信したのなら、たとえ他人がそれに対して躊躇したり異なった考えを持っていようが、自分の判断に従って行動しなさい」（『賢明なる投資家』）というのがバフェットの考え方です。

第1話

「あの人がそうしたから」は、自分の行動の理由になり得ない

投資には確固たる理由、それも自分の頭で考えた理由が必要だとバフェットはいいます。しかし、現実には多くの人が「値上がりしているから」「専門家が推奨しているから」といったとても単純な理由で買い、また逆の理由で売ったりしています。

バフェットが自分で考えることの大切さを思い知らされたのは1950年、コロンビア大学大学院に在籍していた頃のことです。入学する少し前、バフェットは父ハワードと一緒にミネソタ州ダルースにある金物卸売業者マーシャル・ウェルズ株を25株購入しました。ある日、大学の授業を欠席して同社の株主総会に出席しますが、そこで経営陣に手厳しい

質問をする証券会社ストライカー&ブラウンのルイス・グリーンと出会います。

グリーンもグレアムの盟友の1人であり、株が割安で儲けが確実な会社を探しては、取締役を送り込めるだけの株数を買って、経営に影響力を及ぼそうとしていました。バフェットはそんなグリーンに感銘を受け、好印象を与えようと熱心に話しかけました。

株主総会からの帰り、バフェットをランチに誘ったグリーンは最初は他愛のない話をしてバフェットを楽しませてくれましたが、しばらくしてバフェットにこう質問しました。

「どうしてマーシャル・ウェルズを買った?」

バフェットの答えは「ベン・グレアムが買ったから」（『スノーボール（上）』）でした。

実際にはバフェットなりにマーシャル・ウェルズについて詳細に分析して、債権のように確実で、たとえ配当がなかったとしても、株価は徐々に上昇するはずだと踏んでいましたが、バフェットにとっては「グレアムが買っている」という事実が背中を押したのもたしかだったので、こう答えました。すると、その答えを聞いたグリーンはバフェットの顔を見て、「ワン・ストライク」といったのです。

それは「ウォーレン、自分の頭で考えろよ」という意味であり、この言葉を聞いて以来、バフェットは二度と同じ過ちは犯してはならないと考えるようになりました。バフェット

は当時のことをこう振り返っています。

「小さなカフェテリアで話をして、この魅力的な人物といっしょにいるうちに、気がついたら私は三振していた」（『スノーボール（上）』）。バフェットにとってグリーンの「ワン・ストライク」はそれほどの衝撃だったのです。

誰かのあとをついていき、誰かの真似をするのはたやすいことです。ましてやその誰かがグレアムのような権威者であれば、そのあとをついていけば物事はうまくいくように思えますが、バフェットは学生時代に二番手として真似をする危うさを経験していました。

ローズヒル校時代、バフェットはコルネットを習っていましたが、懸命に練習した甲斐があって、学校の休戦記念日の式典で演奏することになりました。

当日の朝、バフェットは生徒全員の前で演奏できることが嬉しくてたまりませんでしたが、あろうことか第一奏者が途中の音を間違えてしまったのです。その瞬間、バフェットは不意を衝《つ》かれ、凍りつき、どう吹けばいいかわからなくなったといいます。

第一奏者の間違えた音を真似て吹くか、それとも正しい音を吹いて第一奏者に恥をかかせるか。最終的にどちらを選んだかをバフェットは覚えていないといいますが、そこからこんな教訓を学んだといいます。「二番手になって真似をするという人生を送るのは簡単だが、一番手が間違った音を吹いたらそれはだいなしになる」（『スノーボール（上）』）。

誰かの後をひたすらに付いていく、あるいは誰かの真似をするのは楽ですが、その誰かが間違ったなら自分も間違えることになります。

グリーンに「ワン・ストライク」といわれたバフェットは二度と同じ過ちを犯さないよう、自分で調べ、自分で考えることを徹底するようになりました。そこで出会ったのが保険会社のガイコであり、ガイコへの投資は周りの人すべてが「やめておけ」というほどのものでしたが、バフェットは人生で初めての借金をしてまで購入に踏み切っています。

後年、バフェットは学生や投資家にこうアドバイスするようになりました。

「『なぜ自分は現在の価格でこの会社を買収するのか』という題で、一本の小論文を書けないようなら、百株を買うこともやめたほうがいいでしょう」（『バフェットの株主総会』）

投資には確固たる理由が欠かせません。求められるのは「〇〇が買ったから」「〇〇が推奨しているから」などではない、自分で調べ、自分で考えた確固たる理由です。それがなければ株に手を出すべきではないし、反対に確固たる理由があれば、周囲の声など気にする必要もないのです。これは投資以外にもいえる成功の掟でしょう。

第2話
重要な決断は、隣の人ではなく「鏡」を見て行うべきである

バフェットがグレアム＝ニューマンを離れてオマハに帰り、1人でパートナーシップを立ち上げようと決断した1956年当時、本気で金融に携わろうとするアメリカ人がニューヨーク以外で働くというのはあり得ないことでした。もちろんニューヨーク以外の地方都市にも証券会社はありましたが、どれも重要な役割を果たしてはおらず、少なくとも金融界で成功し、バフェットが望むような大金持ちになりたいと考える者にとって、ウォール街から離れる選択はそうした夢を捨てることさえも意味していました。

しかし、そんな当時の常識をバフェットは見事に覆しています。1957年にバフェッ

トのパートナーシップに投資された1万ドルは、1969年には26万ドルとなる(『スノーボール(上)』)ほどの素晴らしい成績を上げただけに、『フォーブス』が「オマハはいかにウォール街を打ち負かしたか」という記事を掲載するのも当然のことでした。

なぜバフェットはたった1人で、ウォール街から遠く離れたオマハでこれだけの成功を収められたのでしょうか。なぜウォール街は、バフェットほどの成果を上げられないのでしょうか? バフェットはこう指摘しました。「これはたぶん私の偏見だろうが、集団の中から飛びぬけた投資実績は生まれてこない」(『ビジネスは人なり 投資は価値なり』)。

問題はウォール街の投資判断や横並び意識にありました。たとえば1973年にワシントン・ポストが大きく株価を下げたことがあります。バフェットによると、当時の同社の資産価値は4億ドルありましたが、株価が大幅に下がったことにより時価総額は8000万ドルにまで下がっていました。売りは売りを呼びます。

では、同社株を手放した人々がどんな理由で株を売ったかというと、ほとんどは「マスコミ株が下げているから」とか、「みんなが売っているから」という理由です。

理由はそれ以上でも以下でもありません。

つまり、「みんなそれほど確固たる理由はないのである」がバフェットの見方でした。

これはウォール街に限ったことではなく、「同業他社が行えば、企業は無意識に追随する」（『バフェットからの手紙』）とバフェットは指摘しています。

企業というのは前例踏襲を好み、同業他社がやっていると「では、うちも」と安心をするところがあります。新製品を開発する際、どこもつくっていないものにはリスクを感じますが、同業他社が出していて良く売れていれば、それよりちょっといいものを出せば売れるだろうとゴーサインが簡単に出る傾向があります。

ある大手メーカーでは、新製品の企画書に同業他社の販売データを付けるのが慣例となっていました。しかし、それでは他社の真似ばかりになると不安を感じた製品開発担当者がどこもつくっていない製品の企画書を上司に提出したところ、上司から返ってきたのは「お前は俺を首にしたいのか」という反応でした。他社と似た製品であればある程度の数字が予測できますし、失敗のリスクもあまりありませんが、どこもつくっていない製品を出して失敗すると、それは責任問題になるというのが上司の反対理由でした。

こうした横並び意識は問題行動や不祥事においても発揮されます。２００６年、アメリカ企業１００社以上がストックオプションの権利付与日付を不当に操作したとして大きな問題になりました。日付操作とは、経営陣が故意にストックオプションの付与日を操作して、自分たちが受け取る利益をかさ上げする行為を指します。

バフェットの会社バークシャー・ハザウェイは日付操作とは無縁でしたが、バフェットは傘下の企業に向けてこんな呼びかけを行いました。

「他社が問題含みの行動をしているから、わが社が問題含みの行動をしても大丈夫とは思い込まないように（中略）ビジネスの世界で最も危険な言葉は、五つの単語で表現できます。『ほかの誰もがやっている（Everybody else is doing it）』です」（『ウォーレン・バフェット　華麗なる流儀』ジャネット・タバコリ著、牧野洋訳、東洋経済新報社）

「画期的な製品を生み出せる可能性が一番高いのは、1人で仕事をする時だ。委員会じゃダメ」はアップルのもう1人の創業者スティーブ・ウォズニアックの言葉ですが、株式投資においても横並び意識、業界の常識にとらわれたやり方、多数決重視の委員会といった「誰も責任をとらない大人数から生まれた判断は、優れたものにはならない」（『バフェット＆ゲイツ　後輩と語る』センゲージラーニング編集・発行、同友館）とバフェットは言い切っています。

バフェットの成功は、たった1人でニューヨークから遠いオマハで開業をして、重要な決断は「鏡を見て行う」（『ウォーレン・バフェット　自分を信じるものが勝つ！』）というやり方がもたらしたものなのです。

第3話

他人のブームには目もくれず、事実と根拠を追い求めよ

投資の世界にはたくさんのアドバイザーがいます。ウォール街の住人もいれば、格付け会社もあります。しかし、バフェットはこうしたアドバイスをまったく相手にしようとはしません。1983年と84年、バフェットはワシントン電力公社の社債を1億3900万ドル購入しましたが、これは格付け会社によるとただの紙切れになるリスクが極めて高い、投資には適さないものでした。しかし、バフェットはまるで意に介しませんでした。

「私たちは、格付けを基に判断しているわけではありません。もし格付け会社のムーディーズやスタンダード&プアーズに投資資金の運用を任せたいのであれば、とっくの昔にそ

うしています」(『ウォーレン・バフェット 自分を信じるものが勝つ！』)

バフェットは格付け会社など不要だといっているわけではありません。それどころかバフェットは父親の会社で働いていた頃から『ムーディーズ・マニュアル』(日本の会社四季報のようなもの)を1ページも漏らさずに読み込むほどであり、ニューヨーク時代にはムーディーズやスタンダード＆プアーズに直接出向くほど熱心に資料を読み込んでいました。

バフェットによると「ああいうところに顔を出すのは私くらいのものだった」(『スノーボール(上)』)といいますが、出かけていっては40年分、50年分のファイルを見て、コピー機のない時代、さまざまな数字を手書きでメモしていました。

バフェットはこうした資料の価値をよく知り、こうした資料から投資すべき企業を探し出す能力に長けていましたが、だからといってこれら格付け機関のいうことをそのまま信じるほどのお人よしではありませんでした。

格付け機関はさまざまの資料を基に判断を下します。だからといって彼らのいう通りに投資をしていればいいというものではありません。格付け上のリスクが高い社債を買うこともあれば、格付けリスクは低くとも目もくれない企業は山とあります。バフェットにとって格付けは重要な情報ではあっても、その価値を判断するのはあくまでもバフェット自身でした。
会計監査人の意見も参考にはしません。
「もし会計監査人の方が自分より買収に詳しいと思うなら、自分は会計を担当して、その会計監査人に会社を経営させるべきでしょう」(『バフェットの株主総会』)
バフェットは内部情報や経済予測などに気を留めることもありません。こんなことも口にしています。「(アメリカの中央銀行に当たる)連邦準備制度理事会(FRB)のアラン・グリーンスパン議長(著者注 1987~2006年まで同職)が私のところにやってきて、向こう二年間どのような金融政策をとるつもりか教えてくれたとしても、私の行動に何ら影響することはありません」(『ウォーレン・バフェット 自分を信じるものが勝つ!』)

バフェットがグレアムの会社を去り、オマハに戻った当時、金融の中心地ニューヨークを離れ地方都市で金融関連の仕事をするなど考えられなかったのは前述の通りです。今と違ってインターネットなどない時代、情報から遠く離れることはただそれだけで「成功から遠ざかる」ことを意味していました。

1968年、新聞記者から「どうやってニューヨークの事情通と連絡をとるのですか?」

と質問されたバフェットはこうコメントしました。「内部情報を信用して運用しても、1年間で破産してしまいますよ」（『ビジネスは人なり 投資は価値なり』）

投資に関する学説や理論を「たわごと」として片づけるバフェットを批判する学者や金融の専門家にはこう反論したこともあります。「君達は優秀かもしれないが、じゃあ何で私が金持ちになったんだい？」（『ビジネスは人なり 投資は価値なり』）

バフェットにこういわれて反論できる人はいません。

バフェットは格付け会社に頼らなければ、ブローカーやアナリストに相談することもありません。内部情報に振り回されることもありません。大切なのは誰かの意見を聞いたり、権威ある人のアドバイスを受けることではなく、自分で考えることです。

「独力で考えなかったら、投資では成功しない。それに、正しいとか間違っているとかいうことは、他人が賛成するかどうかとは関係ない。事実と根拠が正しければ正しい。結局はそれが肝心なんだ」（『スノーボール（下）』）

重要なのはその企業が長く良い企業であり続けることができるかどうかであり、他者がどのように考えているか、世間でどのようなブームが起きているかはバフェットにとって関係のないことなのです。

第4話

批判や誘惑に打ち勝つには、自分の中に「内なるスコアカード」を持つことだ

ここまで見てきたように、バフェットは流行の理論や、たくさんの専門家の意見など気にすることなく、独自のやり方でウォール街の平均を上回る成功を収めてきたわけですが、時にはそんなバフェットのやり方が批判を浴びることもありました。

アメリカがバブル景気に沸いた1960年代後半は「ゴーゴー時代」とも呼ばれ、さまざまなファンドが1日、1時間といった短期的な売買によって実績を上げていました。その代表格がフレッド・カーです。カーは急成長を遂げる会社の未公開株に大量に投資、ビバリーヒルズに住み、ジャガーで通勤するというスタイルで、1967年には年間利回り

116%を達成、マスコミは「全米一のファンドマネジャー」(『ビジネスは人なり 投資は価値なり』)とカーを持ち上げました。

この時期、バフェットも36%(翌年には59%)という素晴らしい成績を上げていますが、そのやり方は、企業の持つ「価値」を無視して株価の上昇という「価格」だけを追い求めるカーたちの流行りのやり方とはまるで逆のものでした。

ともに1960年代に急成長を遂げ、当時、人気となっていたゼロックスやIBMといったテクノロジーの領域に手を広げることはなく、価格ではなくあくまでも価値にこだわり続けていました。それは当時の「新しいやり方」(『ビジネスは人なり 投資は価値なり』)とは相いれないものでしたが、バフェットは「私はこれまでのやり方を変えるつもりはない」として、信じるやり方を守り通したうえで、1969年にバフェット社を解散、バークシャー・ハザウェイの経営に専念することを表明しています。

当時の熱狂について、バフェットはこんな寓話を使って表現しています。

石油の採掘業者が天国の入り口で、鉱区の空きはないと告げられました。聖ペトロから一言だけ発言する許可を得た彼は「地獄で石油が出たぞ」と叫びます。すると、天国の石油掘りたちは先を競って地獄に向かったため、彼は天国への入場を許可されますが、彼は

「本当に石油が出るかもしれないから彼らと一緒に行きます」と断り地獄へと向かったというのです（『ビジネスは人なり 投資は価値なり』）。何ともバカげた話ですが、バフェットによると、人は上昇する人気株を前にすると後先考えずに流れに乗ろうとするもので、それに対しバフェットはあえて群れから後れを取る危険を冒すことも辞さない人間でした。

やがてバブルの崩壊によりカーは廃業に追い込まれ、あとには現金化できない株の山が残されたのです。そして群れから後れを取っていたはずのバフェットは、カーが退場した1969年にもダウ平均を18ポイントも上回る7％の利益を上げ、以後はバークシャー・ハザウェイを舞台に「世界一の投資家」への階段を上り始めたのです。

それから四半世紀が過ぎた頃、バフェットは再び世の中の流れとは違うやり方をすることで世間の批判の声を浴びることとなりました。1990年代後半、アメリカ中がITバブルに浮かれ、みんながIT関連企業に投資をすることで大儲けをしていた時、バフェットはそうした株には目を向けようともしませんでした。

専門家はそんなバフェットを「過去の人」「昔日の象徴」と呼び、ウォール街の専門誌は「ウォーレン、どうしたんだ?」という見出しを付けた記事を掲載しています。

それでもバフェットは決してＩＴ関連株を買うことはなく、自らの昔ながらの流儀を守り続けました。ほどなくしてバブルは崩壊、株式市場では数兆ドルの価値が消滅し、ＩＴ関連企業の社員は10万人以上も解雇されることとなりました。決してＩＴ関連企業に投資しようとはしなかったバフェットの正しさが証明され、バフェットは「過去の人」どころか、「どんな時も耳を傾けるべき賢人」であることがはっきりしたのです。

とはいえ、こうした批判は気分のいいものではありません。バフェットは「トラクターが登場したころの馬や、自動車が登場したころの馬の蹄鉄を作る鍛冶屋だったりすることは、やっぱり楽しいことではありませんね」(『バフェットの投資原則』)と振り返っています。

それにしてもどうしてこれほどの批判や儲けへの誘惑に打ち勝つことができたのでしょうか。バフェットはこう答えています。「人がどうふるまうかを大きく左右するのは、内なるスコアカードがあるか、それとも外のスコアカードがあるかということなんだ。内なるスコアカードで納得がいけば、それが拠り所になる」(『スノーボール(上)』)

「みんながあなたと正反対の考えであろうとも、そのこととあなたの判断の成否とは無関係だ」(『賢明なる投資家』)はグレアムの言葉ですが、自らの正しさを貫き通すためには分析への絶対の自信と、外ではなく内なるスコアカードを信じる勇気が大切なのです。

第5話

確信と勇気を持って、群衆とは逆方向に走り出せ

バフェットに成功をもたらしたのは世の中の流行に目もくれず、自分の信じる投資法を貫くというやり方ですが、その大切さをバフェットに教えてくれたのがグレアムであり、父親のハワードです。ハワードは大学卒業後、ユニオン・ステート銀行の株式仲買人となりますが、就職してわずか2年後に大恐慌が市場を襲ったことで売買がほとんどできない状態になったばかりか、1931年には幼い子ども2人を抱えて仕事もお金も失います。しかし、その後すぐ証券会社バフェット・スクレニカ&カンパニーを開業、公共事業債や地方債を中心に売買することで成功を収める逞《たくま》しさを持っていました。

熱心な共和党員だったハワードは1942年、ネブラスカ州の共和党から下院議員選挙に立候補、「まったく見込みのない候補者」のはずが見事に当選します。新人議員ながら

保守派の孤立主義を持論とするハワードは他の議員たちと群れることはありませんでした。バフェットによると「下院で3対412で否決されるようなことがあった。父はたいがいその3票のほうだったが、それでも平気だった」というから徹底しています。

柔軟ではなく、不器用な人でしたが、その高潔さや不屈の精神はバフェットに強い影響を与え、独立心旺盛な生き方を支える力ともなっており、「私の父は、内なるスコアカードが一〇〇パーセントの人だった。つまり、徹底した一匹狼だったんだ。だが、一匹狼であることが目的の一匹狼ではなかった。人にどう思われるかを気にしなかっただけだ。人生をどう生きるべきかということは、父に教わった」（『スノーボール（上）』）と話しています。

そんな父親譲りの「外のスコアカードより内なるスコアカードを信じる」生き方と、グレアム流の「自分の判断が正しいと確信したのなら、たとえ他人がそれに対して躊躇したり異なった考えを持っていたりしようが、自分の判断に従って行動しなさい」という考え方をあわせ持ち実行した結果が、バフェットに成功をもたらしています。

「本当の投資家であれば、自分が群衆とは全く逆の売買をしていると考えることに充足感を覚えるものなのである」（『賢明なる投資家』）はグレアムの言葉です。

群衆は相場が上がれば買いに走り、相場が下がれば慌てて売ろうとしますが、賢明なる投資家はそういう群衆とは反対の行動をとるものだ、というのがグレアム、そしてバフェットの考え方です。1929年に上場、494ドルの高値をつけた食料品のA&P社の株価は32年に104ドル、38年には36ドルまで落ち込みました。長年、安定した収益を上げ続け、現金が8500万ドル、運転資本が1億3400万ドルもあるにもかかわらず、時価総額は1億2600万ドルとなったのです。

株価低迷の理由は「チェーンストアに特別税が課されるという噂がある」「前年比で純利益が減少した」「相場全体が低迷している」などです。グレアムは、これらの要因は一時的なものであり、無視してかまわないと考えました。資金と勇気があるなら割安な段階でどんどん買い増せばいいと主張、翌年、株価は117・5ドルまで持ち直しました。群衆とは逆の動きが奏功しました。バフェットも同じ考え方をしています。「他人が貪欲になっているときはおそるおそる、まわりが怖がっているときは貪欲に」(『スノーボール(上)』)

1960年代後半、バークシャー・ハザウェイともう一社のみを残してバフェット社を解散して引退することを表明したバフェットですが、引退は長くは続きませんでした。

70年代に入り、ゼロックスやコダックを中心に大きく上げた株価は下がり始め、市場関係者が弱気になり始めた頃、バフェットはソロモン・ブラザーズを幹事にバークシャー・

ハザウェイの資金調達を行っています。繊維事業を立て直すためではなく投資のための資金でした。「バークシャーが買いを入れるのは、他の投資家がレミング（著者注　集団で行動するネズミ）のごとく一斉に売りに傾く時です」（『ウォーレン・バフェット　自分を信じるものが勝つ！』）という言葉通り、弱気相場の中、安い金利で資金を調達したバフェットは人気株ではなく、ワシントン・ポストなどの割安株に着目、次々と投資を行いました。

「危機に際して現金に勇気がくわわると、その先は計り知れない」（『スノーボール（下）』）がバフェットの考え方です。2000年台初頭、**ITバブルがはじけ飛び、ほとんどの投資家が大けがを負い、先が見通せない状況で次の一手を打てないでいた時も、バフェットはやはり群衆とは反対の行動に出ています。**シケモクと化したジャンク債を購入したほか、下着メーカーのフルーツ・オブ・ザ・ルームや額縁メーカーのラーソン・ジュール、子ども服のガラン、台所用品のパンパード・シェフなどを次々と買収したのです。

大切なのは自分の判断に絶対の自信を持てるかどうかです。自信と勇気があれば、マスコミがどんなに危機をあおろうが、ウォール街を悲観論が支配しようが関係ありません。的確な判断と自信と勇気、そして資金があれば、危機もチャンスに変えることができます。バフェットには他の会社に欠けていた先見性や資源、勇気のすべてが揃っていました。

哲学2

〈バフェット・メモ〉

一度の手痛い失敗から、
生涯の掟をつくり出す

みんながやっているから、と
人の真似をしても成功できない

みんながやっているから、と
他者の悪癖に倣えば没落する

格付け機関も判断基準にはならない

哲学 3

〈バフェットの守備範囲〉

自分の「能力の輪」を決して出ない

欲に目がくらむ瞬間

あの業界が儲かりそうだとみんながいっている、実際に儲けている、という状況でも、自分の理解の範囲外のものには手を出さない。

バフェットの投資に関する考え方を特徴づけるものの一つが「能力の輪」という考え方です。ある時、バークシャー・ハザウェイの株主総会に出席したサンフランシスコの投資家が、次のような噂についてバフェットに質問したことがあります。

その噂というのは、バフェットが中国の国営石油会社ペトロチャイナの年次報告書を読み、極端に過小評価されていると判断するとすぐに同社の株式の1・3％を4億8800万ドルで取得、多大な利益を上げたというものです。

サンフランシスコの投資家は、会社を訪問したり、経営陣に電話をかけるといったこともせずに、なぜそんな大金を投じることができるのかが疑問でした。そこで、株主であれば誰もがバフェットに質問ができて、時間の制限なしにバフェットが答えてくれる株主総会に参加した折、本人に「なぜ年次報告書だけをもとに、投資できるのですか？」と質問をしたのです。バフェットの答えはこうでした。

「2003年と2003年に、年次報告書を読みました。誰にも相談はしていません。私がしたのは、ペトロチャイナの複数の事業の査定です」（『バフェットの株主総会』）

バフェットはエクソンや他の石油会社の案件でたくさんのことを経験し、豊富な知識を持っていました。そんなバフェットから見ればペトロチャイナの「価値」がいくらかを知ることは簡単なことであり、その次に「価格」を見て、「これは過小評価されている」となれば、会社を訪問することも、バフェットなら可能な経営陣と話すこともなしに「投資する」という判断は瞬時にできることだったのです。

これがバフェットのいう「能力の輪」です。

自分にとっての詳しい分野があり、その業界の企業について正しい判断ができる能力があれば、その能力の輪の中で投資を行い、自分がよくわからない分野についてはいくら株価が魅力的であろうが、いくら人気の銘柄であろうが、安易に手を出してはいけないというのがバフェットのいう「能力の輪の中で」という意味です。

今でこそバークシャー・ハザウェイの保有銘柄の1位にはアップルが君臨していますが、バフェットは「能力の輪の外にある」として長くＩＴ企業への投資を避けてきました。そのため周囲から揶揄されることも少なくありませんでしたが、そんなことを気にせずに「能力の輪」にこだわり続けたことが、バフェットに不動の成功をもたらしたともいえます。

第1話

どれほど人気がある投資先でも、自分がよく理解していないものには決して手を出さない

投資で成功するためには何が必要なのでしょうか。高いＩＱか。幅広い専門知識か。バフェットの「能力の輪」でいえば、その輪が広ければ広いほどチャンスは広がり、大きな収益を上げることができるのではないかとも思えますが、バフェットはその意見には与《くみ》しません。「ウォール街では誰もが少なくとも一四〇以上のＩＱ（知能指数）を持っている」（『ウォーレン・バフェット　華麗なる流儀』）とバフェットがいうように、金融の世界、投資の世界に高いＩＱを持つ人間はいくらでもいます。だからといってＩＱの高さで成果が

決まるわけではありません。なぜなら、「投資というゲームでは、知能指数一六〇の人間が一三〇の人間に必ず勝つとは言えない」(『ウォーレン・バフェット 自分を信じるものが勝つ！』)からです。

では、何によって決まるのでしょうか。バフェットはこう言い切っています。

「最も重要なのは、自分の能力の輪をどれだけ大きくするかではなく、その輪の境界をどこまで厳密に決められるかです。自分の輪がカバーする範囲を正確に把握していれば、投資は成功します。輪の面積は人の5倍もあるが境界が曖昧だという人よりも、裕福になれると思います」(『ウォーレン・バフェット 自分を信じるものが勝つ！』)

バフェットとよく似た考え方をしているのがピーター・リンチです。リンチは株式投資信託マゼラン・ファンドの運用を担当し、1990年に引退するまでの13年間で同ファンドの資産を2000万ドルから140億ドルへと世界最大規模に育て上げる驚異的なパフォーマンスを発揮。「80年代のスーパースター」「全米ナンバーワンファンドマネジャー」と称えられた投資家ですが、リンチが一般投資家に推奨していたのが「テンバガー(10倍上がる株)を見つけるには、まず自分の家の近くから始める」ことでした。

リンチによると、一般投資家が株式投資を行うとなると、自分が日ごろからよく知っている企業や普段から利用している企業を選ぶのではなく、あまり聞いたこともない、事業内容も十分に理解できないような企業へと投資したがるといいます。

毎日、食べているダンキン・ドーナツよりも、証券会社の人間が推奨する、一目見ただけでは何をつくっているのか、どんなサービスを提供しているのかさっぱり理解できないようなテクノロジー企業などに自分の大切なお金を投じたがるというのです。

しかし現実には、知見のない会社を理解するのはとても難しいものです。会社のことが理解できなければ、その会社の将来がどうなるかを理解できるはずもなく、結局は証券会社のいうがままに買ったり売ったりを繰り返し、最終的にはその投資は失敗に終わります。

では、そんなややこしい会社ではなく、たとえば自分が日ごろから利用しているお店やサービスならどうでしょうか。自分の身近にあるファミリーレストランやコンビニエンスストア、宅配便などであれば、どんな事業をしているかもわかるし、人気があるかどうかも実感できるはずです。あるいは、ゲームや鉄道、写真などが趣味の人であれば、そうした分野に関連する企業に関する知識もあるでしょうし、調べるとしてもちっとも苦にはならないはずです。

「自分がよく知るものに投資しなさい」がリンチのアドバイスです。

バフェットがポリシーとしている「能力の輪」も同じことです。バフェットの投資も「自分が理解できる、よくわかっている分野」に絞り、その外には安易には出ないということを自らの基本にしています。

そのため、先述したように人気のテクノロジー企業やIT企業に関しては、どんなに市場が過熱しようが決して手を出さず、「時代遅れ」といわれることもありましたが、最終的にはバフェットが正しかったことが証明されています。

これは「テクノロジー企業やIT企業には手を出すな」という意味ではありません。その分野に詳しく、将来性を正しく評価できるならどんどん投資すればいいのですが、その分野が自分の能力の輪の中にないとしたら安易に手を出してはいけないという意味です。

投資の世界には基本原則を揺るがすような誘惑や、能力の輪からつい出たくなるほどの魅力的な誘いがたくさんあります。誘惑に負けて誘いに乗るか、それとも決めた原則や能力の輪をしっかりと守ることができるか。どちらを選ぶかで投資の成果が決まるというのがバフェットの考え方です。

大切なのはIQの高さや、能力の輪の広さではなく、基本的な原則や能力の輪にどれだけ忠実でいられるか――それは、ビジネスの世界での成功のヒントでもあるでしょう。

第2話

どんな時でも原理原則に忠実でいられるか

1969年、バフェットはグレアムの会社を辞め、オマハに戻った時から続けていたパートナーシップを解散することを表明しました。そこに至るまでバフェットのパートナーシップは素晴らしい運用実績を上げ続けていましたが、それ以前の「ゴーゴー時代」を含め、バフェットが関心を示す企業、利用できるチャンスは確実に減っていることをバフェットは感じていました。とはいえ、パートナーシップを運営し続ける限り、投資を行う必要がありますし、みんなが満足する成績を上げ続ける必要もあります。

しかし、投資のチャンスがなく、優れたアイデアもないにもかかわらず、無理やりに投資を行うのはバフェットの流儀ではありませんでした。

バフェットのやり方はこうです。**紙と鉛筆を用意して、自分が理解できる企業の名前を**

紙に書き、それを取り囲むように輪を描きます。次にその輪の中から価値に比べて価格が割高なもの、経営陣がダメなもの、事業環境が芳しくないものを選び、輪の外に出します。そして最後に輪の中に残ったものが投資対象となります。

では、もし輪の中に1社もないとすればどうするのでしょうか。

「自分の能力の輪の中にめぼしいものがないからといって、むやみに輪を広げることはしません。じっと待ちます」(『ウォーレン・バフェット 自分を信じるものが勝つ！』)

「チャンスが巡ってきた時だけ、行動する」というのがバフェットの考え方です。大好きな野球を例にこう話しています。「投資の世界には、見送りの三振がありません。投資家は、バットを持ってバッターボックスに立ちます。すると、市場という名のピッチャーがボールをど真ん中に投げ込んできます。例えば、『ゼネラル・モーターズ株を四七ドルでどうだ』という感じで投げてくるのです。もし四七ドルで買う決心がつかなければ、バッターはそのチャンスを見送ります。野球であれば、ここで審判が『ストライク！』と言いますが、投資の世界では誰も何も言いません。投資家がストライクをとられるのは、空振りしたときだけなのです」(『ウォーレン・バフェット 自分を信じるものが勝つ！』)。

投資家は傍から見てどんな絶好球であっても、気に食わなければバットを振る必要はありません。自分の得意な球、好きな球が来るまでいつまでも待てばいいのです。さらには野手（他の投資家やウォール街など）が眠ってしまったのを見計らってから球を打つこともできるとバフェットはいっています。

バフェットはチャンスが豊富にあるとは思えなくなったからこそパートナーシップを解散しましたが、やがてウォール街が「見通しがはっきりするまで、株の購入は見合わせた方がいい」と言い始めると、猛然と買い始めています。そこにはバフェットにとっての絶好球がたくさん存在していたのです。

バフェットはどんな業種であれ、一般にいわれることを鵜呑みにせず、自分の頭で納得いくまで考えます。手に入るものをすべて読み、調べ、考えます。そうやって出来上がったのがバフェットの能力の輪です。

「私は天才ではない。ある分野では高い能力を持ってはいるが、その分野以外には手を出さないのだ」（『バフェットからの手紙』）はＩＢＭの創業者トーマス・ワトソンの言葉ですが、バフェットも自分が理解できるものを守り続け、能力の輪によって自分が何をするかを決めることで世界一の投資家となったのです。

しかし、そんなバフェットもコロナ禍の影響を完全に避けることはできませんでした。バークシャー・ハザウェイの決算自体は黒字に転じていますが、こと運用に関してはバフェットがかねがね公言していた「エレファント級の買収」はなかなか実現していません。2020年には米ドミニオン・エナジーから天然ガス輸送・貯蔵事業を買収しましたが、それ以外では目立った案件はなく、過去最大規模となった余剰資金は自社株買いに回っています。なぜ大型の買収が難しいかというと、世界的な金余りの影響を受けて投資ファンドとの競合が激化していること、また買収価格が吊り上がっていることですが、こんな時に豊富な資金にものをいわせて高値でも買うというのはやはりバフェットの流儀に反することなのでしょう。

バフェットのやり方は価格と価値の差をしっかり見極めるものですし、「投資の世界には見送り三振がない」というように自らのストライクゾーンからはずれていても、「買収をしなければ」と無理にバットを振ることはしません。

しかし、一方では有り余る資金をどうするのかという課題もあり、株主の要求もあってバフェットにとっても今は正念場といえるかもしれません。コロナ禍は、バフェットが変わらず原理原則に忠実であり続けるかどうかを問いかけているのかもしれません。

第3話

大親友ビル・ゲイツの会社であっても、10年後のことはわからない

バフェットの「能力の輪」を守る投資方法は若い頃からの特徴でした。

1960年代半ば、市場で人気を博していたのはポラロイド、ゼロックス、エレクトロニック・データ・システムズといったテクノロジー企業であり、そうした企業の株を世界中の人が欲しがりましたが、バフェットは決して手を出すことはありませんでした。

「自分の頭では理解できないようなテクノロジーが投資の決断に関わってくるような企業には手を出さない」（『スノーボール（上）』）**がバフェットが自らに課した制限でした。そして、この制限により、人生最大の投資機会を逃すこともありました。**

グリネル大学の理事となり、財務委員会に加わったバフェットはある時、ある企業への投資を承認するかどうかを求められました。その企業とはフェアチャイルド・セミコンダクター出身のボブ・ノイス、「ムーアの法則」で知られるゴードン・ムーア、のちにCEOとしてインテルを急成長させることになるアンドリュー・グローブが設立する会社です。すなわち、のちのインテルです。

バフェットを同校の理事になるように口説き落としたジョー・ローゼンフィールド（百貨店チェーン「ヤンカーズ」の経営者）や大学がそれぞれ10万ドルを投資するだけでなく、数十人の出資者が投資を予定しており、同社の資本金は250万ドルにのぼる予定でした。

しかし、この時、バフェットは同じ理事仲間のボブ・ノイスやローゼンフィールドに敬意を表して大学が行う投資は承認したものの、自らは決して投資することはありませんでした。その少し前、バフェットはＩＢＭと競合するコンピュータ会社への投資を求められた際も、「コンピュータ会社なんて、そんなにいっぱいいらないだろう」（『スノーボール（上）』）という理由で断っていますが、今回も個人としての投資は断っています。

ハイテク関連の投資には「安全マージン」がないというのが変わらぬ理由でした。大学の投資を認めた理由もローゼンフィールドの個人保証という安全マージンがあることと、インテルを設立する3人の能力を評価したからでした。バフェットがいうところの「馬じゃなくて騎手に賭ける」（『スノーボール（上）』）という考え方です。

やがてインテルは世界的企業へと成長するわけですが、それほどの成功を目にしてもバフェットは自らの制限を変えることはありませんでした。

大親友であるビル・ゲイツが創業したマイクロソフトやインテルの10年後はわからないからと、自らがよくわかる企業、つまり能力の輪に徹底してこだわり続けた結果ですが、テクノロジー企業に投資しない理由をこう説明しています。「来年1年、すべての時間をテクノロジーの勉強に費やしても、わたしはその分野における、100番めや1000番め、いや1万番めに優秀なアナリストにもなれないでしょう」（『バフェットの株主総会』）

投資をするのなら自分がよくわかる企業、得意とする分野に徹底する方がいい。もし国内のトップクラスになれないのなら、そんな企業や分野に投資する意味はありません。バフェットは自らの能力の範囲をしっかりと守り、よくわかる企業、よくわかる分野に徹底して投資することで素晴らしい成果を上げ続けています。「流行だから」「時代だから」といって安易に能力の範囲を広げないのが、バフェットの弱みに見えて本当の強みでした。

とはいえ、「投資をしない」ことと、「関心がない」ことはイコールではありません。バ

フェットは、毎年、何千という数の決算書や年次報告書を読むことを習慣としていますが、目を通す年次報告書は投資をしている企業のものだけではありません。

関心のある企業のものはずっと目を通し、追いかけ続けています。バフェットにとって「初恋の人」ともいえるガイコ株を一旦は手放したものの、以来20年もの間、決して目を離すことなく追いかけ続け、1975年にガイコの異変に気付き再注目したように、バフェットはアメリカの鉄道会社ＢＮＳＦやＩＢＭも追い続けた結果、最終的に投資に至っています。2010年の『日経ヴェリタス』のインタビューでこう話しています。

「（ＢＮＳＦの）アニュアルレポートを30年、40年読み続けていたのですが、その間は何もしませんでした。ようやく鉄道会社を買収したのは、数年前のことです」

「ＩＢＭのアニュアルレポートをこの50年の間、毎年読んできました。今年も読んでいる時に、ＩＢＭが競争力を将来も維持することを、かなり容易に予測できることに思い当ったのです」（『日経ヴェリタス』No.194）

バフェットにとって大切なのは、その企業のやっていることが理解できることであり、その成長に確信が持てることです。それができないうちは絶対に投資することはありませんが、関心を持ち続け、根気よく追い続けることも決して忘れてはいないのです。

第4話

並外れた業績を達成するために注目すべき「簡単なこと」

バフェットは世界一の投資家ですが、『孫子の兵法』が理想とする100戦100勝というわけではありません。過去には投資で苦い失敗もいくつも経験しています。

老舗百貨店ホクスチャイルド・コーン買収はマンガー曰《いわ》く「楽しかったのは二日だけ。買った日と売った日だ」（『スノーボール（上）』）という厳しい買収劇でした。まだバフェットがパートナーシップを運営していた1966年、バフェットはパートナーシップのために衣料品販売のことなど何も知らないのに同社を大嫌いな借金までして買収しています。

所有者のコーン家は古い車に乗り、質素に暮らす、バフェット好みの人たちで、「IQもものすごく高いし、高潔」なルイス・コーンというマネジャーも見つかりました。ところが、同店が位置するダウンタウンの交差点にはそれぞれの角に競合する百貨店が三つあり、いずれもそれなりに繁盛はしていたものの、バフェットがいうところの「パレード見物の爪先立ち」(『スノーボール(上)』)を繰り広げていました。

ある百貨店がエレベーターを設置すると、他の3店もそれに倣うというものですが、こうした生き残り競争を続ける限りバフェットが期待したような利益の成長など不可能でした。結果、バフェットは期待した利益を手にできないままに、買収した時とほとんど変わらない金額で売却するほかはありませんでした。

当初の目論見が外れたという意味では、バークシャー・ハザウェイも同様です。バフェットは同社を立て直そうと長年にわたって悪戦苦闘しますが、競争力を失った会社を立て直すことはできず、繊維事業は最終的に工場を閉鎖し、機械設備の売却で幕を閉じました。

USエアもうまくいきませんでした。こうした経験を通してバフェットが学んだのは、難しい状態にあるビジネスを立て直すのはとても難しいということです。繊維産業や百貨店のような斜陽に向かう業種の場合、どれほど優秀な経営者がいても、斜陽にストップをかけ、ましてや隆盛に向かわせるなど不可能なのです。

そんな難題に立ち向かうよりも、問題のない優れたビジネスを「そこそこの金額」で買う方がはるかに優れた成果を上げることができることを痛感したバフェットは、自らの成功の理由として、難しいビジネスを避けるようになったことを挙げています。

成功は、「飛び越えられるであろう三〇センチのハードルを探すことに精を傾けたからであり、二メートルのハードルをクリアできる能力があったということではないのです」（『バフェットからの手紙』）

バフェットの基本は、自分がよく知る「簡単なことをやれ」です。難しい、予測しがたいビジネスにわざわざ投資するようなリスクを冒すぐらいなら、自分がよく知り、理解できる、自分にとって簡単なビジネスに投資すればいいのです。「わざわざ藁に埋もれた針を探す必要はないはずです、目の前に針が置かれているときには」（『バフェットの株主総会』）の言葉通り、この原則を貫くことでバフェットは大きな成功を手にしました。

バフェットの知人にウォルター・シュロスがいます。バフェットが初めて出席したマーシャル－ウェルズの株主総会に出席していた1人で、ニューヨーク金融協会でグレアムの夜間コースを受講しグレアム－ニューマン社で働いた後、個人で投資を行っています。その業績はバフェットも驚嘆するほどですが、シュロスは何か特別な情報源を持っているわけではなく、あくまでもグレアムのやり方を忠実に守り続けているだけだといいます。

バフェット曰く、シュロスは冊子から必要な数字を探し出し、年次報告書を取り寄せ、「一ドルの価値がある事業を四〇セントで買えるなら、何か私にとって良いことが起きるかもしれない」（『賢明なる投資家』）と信じて、100以上の銘柄に分散投資を行っています。シュロスはそれを何度も何度も繰り返すことで素晴らしい運用実績を上げることに成功しています。バフェットはシュロスのことを「われわれはみな、ウォルターの運営スタイルに学ぶべきです」（『ウォーレン・バフェット 自分を信じるものが勝つ！』）と讃えています。

アップルを創業したスティーブ・ジョブズなどを見ていると、並外れた業績には並外れた才能と類まれな情熱が欠かせないと思いがちですが、彼と同様に並外れた業績を上げているバフェットは、こう言い切っています。

「企業経営でも投資でも、私は同じようなことを感じます。並外れたことをしなくても並外れた業績を達成することはできる」（『ウォーレン・バフェット 自分を信じるものが勝つ！』）

せっかちにならず、原則に忠実にやるべきことをきちんと繰り返すことでも、人は並外れた業績を上げられるのです。バフェットはいくつもの失敗を経て能力の輪を守ること、原則に忠実であることの大切さを学び、その後の成功へとつなげていったのです。

第5話

大切なのは判断する回数ではなく、その質である

先述したように、バフェットは株の所有期間については「長期間」どころか、「永遠でもいい」と考えています。一旦、手に入れた企業や株は安易に手放さず、時間をかけて育て、そこからできるだけ多くの収益を手にすることを理想としています。

そんなバフェットの人生観をよく表しているのが、「精霊がくれた自動車」の話です。こんな趣旨の話です。

16歳になった時、バフェット少年の前に現れた精霊がこういいます。「ウォーレン、なんでも好きな自動車をあげよう。あすの朝には、大きなリボンをかけた自動車がここにあ

るはずだよ。新車で、すっかりきみのものだ」。精霊の物語が好きで、よく読んでいたバフェットは「なにか落とし穴があるんじゃないの？」と質問します。精霊はこう答えます。「ひとつだけ。これはきみが一生で最後に手に入れる自動車なんだ。だから、人生の最後まで乗りつづけることになる」。バフェットは自分の欲しい自動車をもらったうえで、こう考えます。一生で最後の自動車だとすれば、取扱説明書を5回読んで、ずっとガレージにしまっておく。そうすればへこみも擦り傷もできないし、錆びたら困るので、もしできたらすぐに直す――。バフェットは頭脳と肉体は「一生で最後に手に入れる自動車」と同じだけに、とても大切にしなければいけないとして、こう話しています。「頭脳も肉体もひとつしかない。それを一生使わなければならない。ただ長いあいだ乗りまわすだけなら楽なものだ。しかし、頭脳も体も大切にしないと、四〇年後に自動車とおなじようにぼろぼろになる。それがいまから、きょうから、やらなければならないことだ。一〇年、二〇年、三〇年後の頭脳と肉体の働きぐあいが、それで決まる」（『スノーボール（下）』）

その言葉通り、バフェットは90歳を過ぎた今でも現役の投資家であり、変わることなく世界一の投資家であり続けています。だからといって、バフェットが体のことにとても気を使い、食生活にも気を使っているかといえば、かなり怪しいところですが、今も投資の世界の最前線で戦っているのだからたいしたものです。

バフェットにとっては、体や頭脳がとても大切にしなければならないものであるように、投資した会社もとても大切にしなければならないものでした。それは安易に手放すものではないし、少しの株価の変動で売り買いするようなものではありません。

ただし、そのためにはその会社が「永遠に所有する」に値するものであることが必要になります。バフェットは日々の株価の変動にはまったくといっていいほど関心を示しません。それと同様に持ち込まれる投資案件についてもそのすべてを検討するわけではありません。不要と思えば相手の話を最後まで聞くことなしに「ノー」を告げますし、自分の能力の輪の中に入っていなければ目もくれません。

そうしたやり方が可能なのは、小さな案件に手を出してささやかな利益を手にすることに関心がないからです。その理由をこう話しています。

「チャーリーと私はずっと昔に、投資で一生のうち何百回もの賢い決断を行うのは無理だと悟りました。（中略）そこで私たちは、賢くなりすぎず、ほんの何度か賢い決断をするという戦略を選んだのです。現実に私たちは今では年に一度いい考えが浮かべば良しとしています」（『バフェットからの手紙』）

それはバフェットにとって、投資の決定についての質を高めるためでもありました。

そしてその結果がコカ・コーラやアメリカン・エキスプレス、あるいはガイコなどとの長い長い付き合いにつながっています。

バフェットは学生たちにこんなアドバイスをよくしています。

「自分は一生に20回しかパンチを入れてもらえないカードだと考える。財務的な決定1回につき一度のパンチだ。小さなものにちょこちょこ手を出すのは控えるようになる。決定の質が上がり、大きな決定をするようになる」（『スノーボール（下）』）

世の中には次々と瞬時に決断を下すことで成果を上げる人もいるかもしれませんが、大事なのは判断をする回数の多さではなく、その質であり、そこから上がる成果なのです。

さほど価値のないことや、やる必要のないことばかりに手を出してそれらを上手にやったところで意味はありません。本当に大切なこと、意味のあることは何かをしっかりと見極めたうえで決定を下します。決定の質を高めるためには小さなこと、つまらないことは切り捨てる勇気も必要なのです。

哲学3

〈バフェット・メモ〉

「時代遅れ」と揶揄されても、
わからないジャンルには手を出さない

自分が「わかっているもの」と
「わからないもの」の線引きを明確に持つ

チャンスもアイデアもない時は
無理に投資をしない

バフェットといえども、
100戦100勝ではない

哲学 4

〈バフェットのリスク対策〉
原則は「損をしない」こと

勝ち続けるたった一つのコツ

勝ち続けたいのなら、常に慎重に、最小限のリスクで勝負すること。たとえそれによって一時的に大きな損をすることになっても。

投資を行う以上、リスクと無縁ではいられません。しかし、そんな世界で既に80年近くも投資を行いながら、バフェットは毎年、着実に成果を上げています。

バフェットの投資原則は「損をしない」ことであり、「この原則を決して忘れない」ことです。そのうえで短期間で急いで金持ちになろうとするのではなく、「ゲット・リッチ、ステイ・リッチ（豊かになり、その後も長期間豊かであり続けること）」（『ウォーレン・バフェット華麗なる流儀』）を信条としています。

ソロモン・ブラザーズ時代、その後問題を引き起こすチーム「アーブ・ボーイズ（裁定取引組）」をつくり、やがて暫定会長となったバフェットによって引導を渡されたジョン・メリウェザーが1994年、ヘッジファンドLTCM（ロングターム・キャピタル・マネジメント）を立ち上げました。資本の25倍のレバレッジを使って取引を重ねることで利益を生み、損失は最大でも資産の20％というのがメリウェザーの計画でした。

説明を受けたバフェットとチャーリー・マンガーは「頭のいい連中だ」と感じましたが、複雑すぎることと、レバレッジに疑いを抱き、参加を躊躇しました。しかし、ソロモンで素晴らしい実績を上げていたメリウェザーを信頼して12億5000万ドルもの資産が集まり、史上最大のヘッジファンドが誕生しました。

3年で投資家の金は4倍に増え、すべては順調に見えましたが、98年にロシアが対外債務の支払い停止を宣言したことで世界中の金融市場がガタガタになり、LTCMもほんの数日で資本の半分を失ってしまいました。

慌てたLTCMのエリック・ローゼンフェルドがバフェットに助けを求めましたが、既に手遅れでした。バフェットはIQ160を超える十数人がいて、みんなの経験年数を足せば250年にもなる彼らが巨額のレバレッジを使っていたことに驚きました。バフェットはこういいました。

「本当に頭のいい人たちが、これまでに何人も痛い目に遭いながら学んできたことがあります。それは、目を見張るような数字がずらりと並んでいても、最後にゼロをかければゼロになってしまうということです」(『バフェットの投資原則』)

投資の世界には、絶頂期と破産を繰り返したジェシー・リバモアのように「最後にゼロをかければゼロになる」を地で行く運命をたどった人もたくさんいますが、バフェットがそうならなかったのはリスクとの上手な付き合い方を熟知し、リスクを最小にしながら成果を上げ続けてきたからなのです。

第1話

「安全域」を常に意識して投資する

バフェットはグレアムの書いた本を何度も読み、ほとんど暗記をしていたほどの熱心な読者でしたが、実際の投資においてはグレアムのやり方すべてをそのまま無批判に実行したわけではなく、自分の頭で考えて守るべきものとそうでないものを取捨選択しているのも、注目すべき点です。

たとえばリスクを軽減するためとはいえ、行き過ぎた分散投資については非常に早い時期から意味のないものとして無視しています。一方、①株券ではなく事業を買う、②価格と価値の差を見極める、③安全域を持つ——といった考え方は忠実に実行しています。

リスクと上手に付き合ううえで欠かせないのが「安全域」の考え方です。

安全域というのは、「現在の株価と企業の本質的価値との差額の領域」のことです。

安全域の考案者はグレアムです。グレアムは、短期的な株価は一種の人気投票のようなものであり、必ずしも正確な価値を反映するとはいえず、故《ゆえ》に短期的な株価は読むことはできないものの、長期的には株価は本来の価値と等しくなっていくという考えの下、割安株に資金を投入するバリュー投資という方法を実践していました。これが「安全域」の考え方です。

バフェットはこの「安全域」を常に意識しながら投資をしています。

株価というのは、先ほども述べたように常に適正な価格になっているとは限りません。企業が持つ価値以上に過大評価されることもあれば、企業価値は高いにもかかわらず、さまざまな要因から驚くほど株価が低迷することもあります。結果、その企業の株価が低迷し、企業価値と株価が大きく乖離した時がバフェットにとっては投資の最大のチャンスであり、その段階で投資を行えば投資の持つリスクを低く抑えることができるのです。

バフェットは安全域の良い例として先述したようにワシントン・ポストを挙げています。

1973年当時、ワシントン・ポストの価格（時価総額）は8000万ドル、それに対して価値（純資産）は4億ドルを超えていました。バフェットはこう考えました。

「価格とは、何かを買うときに支払うもの。価値とは、何かを買うときに手に入れるもの」

（『バフェットの投資原則』）

企業価値を算出するための方法は、①コストアプローチ（企業が持つ資産に基づいた算出方法）、②インカムアプローチ（キャッシュフローに基づいた算出方法）――といった手法がありますが、いずれにしても自分が投資しようとする企業について、その企業価値をおおざっぱにでもつかむことが安全域を知るためのポイントとなります。

バフェットが「能力の輪」を重視するのは、こうした企業価値について自分がきちんと算出できる分野であることが大切と考えているからです。

この時、バフェットはワシントン・ポストのすべてを買いこそしなかったものの、8000万ドルを支払えば、4億ドルもの価値を手に入れられるわけですから、これほどリスクのない買い物はありませんでした。

結果、この時にバフェットが支払った1060万ドルがどうなったでしょうか。10年余り経った1984年、その価値は1億4000万ドル（『バフェットの投資原則』）に達したとして、バフェットはワシントン・ポストの社主キャサリン・グレアムにお礼の手紙を出しています。

参考までに、同様の投資を他の新聞社に行ったと仮定すると、ダウ・ジョーンズなら5000万ドル、ニューヨーク・タイムズなら6000万ドル、タイムズ・ミラーなら4000万ドルになったといいますから、支払う価格は同じでも、その企業が持つ価値によって10年余りでこれほどの差が生じることになるのです。

バフェットはこう述べています。

「価値が八三〇〇万ドルの事業を八〇〇〇万ドルで買おうとしてはいけません。大きな余裕をみることが肝要なのです。三万ポンドの負荷に耐えると業者が主張する橋が建造されたとしても、その橋を走行するであろうトラックはせいぜい一万ポンドです。これと同じ原則が投資にも当てはまるのです」(『賢明なる投資家』)

投資の世界で多くの人が気にするのは株価、つまり「価格」の変動です。一方で個々の企業の持つ「価値」について正確につかもうとする人はあまりいません。「バリュー投資はいまだかつて流行を見せたことがない」(『賢明なる投資家』)はバフェットの説ですが、バフェット自身は「価格」ではなく「価値」に注目することで莫大な富を手にすることができたのです。

第2話

優れた経営者と優れた事業、片方しか選べないなら「事業」を選ぶ

投資におけるリスクを抑えるためには「価格と価値の差」を冷静に見極めることが重要であり、「十分な安全域」を確保しなさいというのがバフェットの考え方です。では、企業の価値よりも価格が低ければそれでいいのかというと、もちろんそうではありません。

バフェットは「世界一の投資家」という評価を得ていますが、先述したように常に成功し続けたわけではありません。なかでもバークシャー・ハザウェイの経営権の取得は、バフェットの失敗の歴史の中でも上位に来る失敗といえます。

1960年代初めのバフェットは、まだグレアムの「シケモク買い」「バーゲン株買い」

主義に強くとらわれており、そこで出会った繊維会社バークシャー・ハザウェイを見て、利益が出ない倒産しそうな会社ではあるものの、企業価値よりも株価がはるかに安いため、「安いし、心底欲しい」と思ったといいます。

1965年、バフェットは「ひと吸い分だけ残っているかもしれない」と信じて同社の経営権を取得したものの、実際には同社には「一服できる分は残っていなかった」のです。バフェットは何とか立て直そうと努力を続けますが、1985年についに繊維部門を閉鎖、400人の工員を解雇、機械設備一式を16万ドル余りで売却することになりました。バフェットはこう振り返りました。「バークシャー・ハザウェイの名前を耳にしなかったら、いまごろ私はもっと裕福だっただろうね」（『スノーボール（上）』）

それ以前、バフェットはバークシャー・ハザウェイの買収について「値段は投資において決断を左右する重要な要素です。バークシャー・ハザウェイは適切な値段で買えました」（『スノーボール（上）』）と強気の姿勢を貫いていましたが、たった一服さえできない「湿ったシケモク」に多くの資金を回してしまったことは、大いにこたえたのでしょう。

この20年にわたる苦い経験を経てバフェットは、経営状態は良くないが、資産に比べて株価が極端に安い企業に投資する「シケモク買い」から、株価は資産の数倍になるものの

カリフォルニアでは敵う相手がいないシーズ・キャンデーのような強いブランド力を持つ企業を買収することのメリットを強く認識するようになりました。

「まずまずの企業を素晴らしい価格で買うよりも、素晴らしい企業をまずまずの価格で買うことの方が、はるかに良いのです」(『バフェットからの手紙』)

困難なビジネスを立て直すのは難しいものです。そんな難業に挑戦するよりも、「まずまずの価格で買える、優れた経営者がいる、優れた事業」に投資しようというわけです。

特に大切なのは事業が優れていることです。事業に優位性がなければ、たとえ優れた経営者をもってしても成功するのは簡単ではありません。優れた経営者と優れた事業の両方が揃えばベストですが、もしどちらか一方ならバフェットは優れた事業の方を選びます。

バフェットの理想とする企業の一つがコカ・コーラです。こう評価しています。

「これからあなたは一度だけ取引をして、その後一〇年間投資の世界から離れるとします。(中略)向こう一〇年間は投資対象を変更できません。さて、どんなものに投資しようと考えるでしょうか。(中略)私にはコカ・コーラしか思い浮かびません」(『ウォーレン・バフェット 自分を信じるものが勝つ!』)

コカ・コーラは国際市場で成長を続け、かつリーダーの地位を維持する力もあります。

今後も消費量の増加が期待できます。この地位を揺るがすなんてとてもできないとバフェットは考え、同社に積極的な投資を行ってきました。

バフェットはかつて「コカ・コーラはハムサンドイッチにも経営できる」(著者注 コカ・コーラはハムサンドイッチがCEOになっても儲かる、といった意味)といったことがありますが、それはバフェットにとってまさに好ましい企業であることを意味します。なぜなら企業はいつも完璧とは限らないからです。

事実、バフェットが「株を買うなら、どんな愚か者にも経営を任せられる優れた会社の株を買いたいと思うでしょう。なぜならいつかは愚かな経営者が現れるからです」(『バフェットの株主総会』)といった通り、コカ・コーラにも愚かな経営者が現れました。急死したロベルト・ゴイズエタの後を受けてCEOとなったダグラス・アイベスター時代、ヨーロッパで子どもの健康被害が報じられましたが、アイベスターは適切な対応ができませんでした。続くダグラス・ダフトも問題がありました。代わって就任したネビル・イズデルの下でようやく同社は復活を遂げ、バフェットは「前にはよく、ハムサンドイッチでもコカ・コーラは経営できると、ビル・ゲイツにいったものだ」(『スノーボール(下)』)と振り返りました。バフェットは徹底して「優れた事業」を求めるのです。

第3話

借金してもいいのは純資産の25%まで

株式投資につきものなのが「信用取引」です。信用取引というのは、現金や株式を担保として証券会社に預け、証券会社からお金を借りて株式を買ったり、株券を借りてそれを売ったりする取引のことです。なぜこのような制度があるかというと、現物取引しかできなければ、ある銘柄を買いたい時に現金がなければ買えませんし、また株券を保有していなければ売ることもできず、それでは株式市場に参加できる人が限られるからです。一方、この制度があれば、手持ち資金や手持ち株券を担保にすることで株式を売買することができるため、当座の資金が少ない人たちも株式市場に参加できるようになります。

実際、「現金は持たなくとも大丈夫、必ず儲かるから」といったおいしい話を持ち掛けられ、借金や信用取引で株式投資に参加する人もいますが、成功した投資家で「借金や信用はいかん。余剰資金で現物を買え」と借金や信用の怖さを説く人も少なくありません。それはバフェットも同様でした。

バフェットの特徴の一つは借金を極端に嫌い、過大な借金をしてビジネスや投資を行えばいずれ道路の穴ぼこに落ちると考えていることです。

バフェットが初めて借金をしたのは間もなく21歳になろうかという時でした。

当時、バフェットは既に2万ドル近い資金を手にしていましたが、投資のためには少し資金が不足していると感じ、「金を借りるのは大嫌いだった」けれど、オマハ・ナショナル銀行から5000ドルを借り入れています。

その際、銀行の担当者はバフェットに「これできみも一人前の男になる」といったうえで、5000ドルは「厳然たる債務であり、きみがきちんと返済する人物であることを私たちは信頼している」(『スノーボール(上)』)と30分にわたって話したといいます。なぜ5000ドルかといえば、「純資産の4分の1までなら大丈夫」というのがバフェットの決め事だったからです。以来、バフェットはこの決め事を厳粛に守り続けています。

それは自分の身内に関しても同様でした。甥のビリー・ロジャースが家を買うための頭金を融通してほしいとバフェットに頼んだところ、バフェットは、借金は「賢明な人間が道を踏み外す」原因の一つとして断りを入れています。理由はこうです。「一万ポンドの重量のトラックが何度も橋を渡るのであれば、橋の強度は一万一ポンドではなくて、一万五〇〇〇ポンドの重量に耐えられるものでなければならない」(『スノーボール(下)』)

さらに、自らの経験を元に「現金の蓄えがないのに、大きな財政的義務を負うのはたいへんな間違いだ。私個人はといえば、手持ちの二五パーセント以上のお金を借りて使ったことはない。一万ドルしか持っていないのに一〇〇万ドルがあったらいいなと思うようなアイデアが浮かんだときもそうだった」(『スノーボール(下)』)と付け加えています。

その言葉通り、バフェットは投資においても借金について否定的な見方をしています。相棒のチャーリー・マンガーがこう証言しています。「ウォーレンも私も、信用取引で株式を買うなんて怖くてできない。反対売買をして決済するまでに何かが起これば、壊滅的な損失を被る可能性が、たとえわずかであっても存在するからだ。借金をするなら、返済期限を定めないのが理想だな」(『ウォーレン・バフェット 自分を信じるものが勝つ!』)

投資商品としてのジャンク・ボンドや過大な借金をして経営している企業についても、バフェットは「ハンドルに短剣が取り付けられた車を運転するようなもの」だと容赦あり

ません。経営者は細心の注意を払って運転するでしょうが、バフェットによると路面には小さなくぼみや小さな石ころがあります。もしそこにぶつかればどうなるでしょうか？「ビジネスという道路は穴ぼこだらけです。そのためそれらをすべてかわそうなどという計画の前途に待つのは、災厄だけなのです」（『バフェットからの手紙』）

過剰な債務が破綻の危機を招くように、アメリカという国でさえバフェットの目には危うく映っていました。1980年代後半、バフェットは貿易赤字が減らないアメリカを「広大な農場の一部を切り売りしながら、現在の収入以上の生活を楽しんでいる裕福な地主」（『ウォーレン・バフェット　自分を信じるものが勝つ！』）にたとえています。

売る土地があるうちはいいのですが、もし売り物がなくなれば地主も小作農になるしかありません。過大な借金によってもたらされる豊かさは永久に続くことはなく、その先にはとんでもない悲劇、災厄が待っているというのがバフェットの考え方でした。

当時と今では金利に大きな差があるため、かつてほど国家の赤字を危険視する風潮はなくなっていますが、今でも金利の上昇次第で問題が起きるという構造そのものは変わっておらず、国家であれ企業であれ個人であれ、過大な借金は「穴ぼこに落ちる」大きな原因となるのです。

第4話　失敗を前向きなものにするためには

「リスクとは、自分が何をやっているかよくわからないときに起こるものです」（『ウォーレン・バフェット 自分を信じるものが勝つ！』）がバフェットの基本的な考え方です。自分のやろうとすることをよく知っていればリスクは抑えられますが、知らないことをやろうとするとリスクは大きくなる、ということです。

バフェットが知らないことで経験したリスクの一つが、ソニーの創業者・盛田昭夫夫妻が主宰した晩さん会に出席したことです。ちょっと笑い話のような話です。

バフェットの長年の親友であるキャサリン・グラハム（ワシントン・ポスト社主）は盛田と親しく、盛田がメトロポリタン美術館を見下ろす5番街のアパートメントで催すこぢんまりとした晩さん会にバフェットを誘って参加したことがあります。

それまでバフェットは日本料理を食べたことがありませんでした。元々がコカ・コーラとハムサンドイッチさえあればいいというほど食へのこだわりがなく、過去に参加した催しでもロールパン以外何も食べられなかったという経験もあったほど好き嫌いの激しいバフェットにとって、日本食はまったく未知の分野でした。

盛田の晩さん会には4人の板前が出張しており、仕切りガラス越しに料理をつくる様子を見られるようになっていました。次々と料理が運ばれますが、バフェットは言い訳を口にして、自分の皿を手付かずのまま下げてもらうばかりでした。隣に座る盛田夫人はちょっと困った様子でしたが、礼儀正しい笑顔を浮かべ決して非難することはありませんでした。結局、出された15品を一口も食べなかったバフェットはきまりが悪くて顔から火が出そうだったといいますが、それでも無理をして食べることもできず、席を辞した後、こんな感想を口にしています。「最悪だった」「ほかにもおなじようなことがあったが、あれほどひどいのはなかった。もう二度と日本料理は食べない」(『スノーボール(下)』)

バフェットにとって自分がよくわからない「日本料理」に手を出すことはそれ自体がリスクであり、決して同席してはいけない場所だったのです。

バフェットは何をやるにつけても自分がよく理解しているかどうかを大切にします。ニユーヨークで食事をする時も、「この前のレストランにしましょう」といいます。相手が「この間行ったばかりですよ」といっても気にすることはありません。たいていの人は新しい店に行きたがるものですが、バフェットはそんなリスクは冒そうとはしません。どんなものが出るかよくわかっている店の方がいいというのがバフェットの流儀です。

バフェットの投資も、食べ物に関する考え方と何ら変わることはありません。前述の通り「能力の輪」を徹底し、自分がよく知り、完璧に理解できる企業に投資することにこだわります。**それはもちろんリスクを抑え投資を成功に導くためですが、同時に、完璧に理解していれば、たとえ失敗しても後悔することがないからです。**

バフェットの失敗に関しては先述した通りですが、買ったことによる失敗の一方には買えたのに買わなかったという失敗もあります。ファニーメイ（連邦住宅抵当公庫）株を買わなかったことやウォルマートに投資しなかったことなどをバフェットは挙げています。

ただし、バフェットは投資においてこうした判断ミスをゼロにするのは不可能だとも考えており、こう話しています。「人間が失敗するのは当たり前だと思っているので、いつまでもクヨクヨ悩むことはしません。そんなことをしても何の意味もありませんからね。

明日という日があるんです。前向きに生きて、次のことを始めたほうがいいんです」（『バフェット&ゲイツ　後輩と語る』）

バフェットがここまで前向きになれるのには理由があります。バフェットは市場動向や誰かの意見に流されず、あくまでも自分で調べ、自分で考え、自分で納得したうえで判断を下しています。「失敗した場合でも、そのいきさつを説明できるようにしておきたい、と私は考えています。つまり、自分が完全に理解していることしかやりたくないということです」（『ウォーレン・バフェット　自分を信じるものが勝つ！』）

理解も納得もないままの仕事は失敗を招き、また後悔につながりやすいものですが、バフェットは十分な理解と納得の上で判断を下しているために、失敗に対しても前向きでいられるのです。「我々はみな失敗するものだ」はバフェットの言葉ですが、だからこそ人は自分のやることに十分な理解と納得が欠かせません。それがあれば失敗を悔やむことはありませんが、自分が何をやっているかよくわからないままの投資や仕事の失敗は、後悔ばかりが残ることになります。

第5話 分散投資はベストなリスク回避策ではない

バフェットはベン・グレアムの教えを受け、グレアム理論の正当な継承者といえますが、一方でグレアム理論を忠実に実践するだけでは今日のような成功は得られなかったとも考えています。グレアムの会社に入社した時のバフェットの所持金は1万ドルでしたが、そのことをこう振り返っています。「私の所持金は一万ドルでした。もしグレアムのアドバイスに従っていたら、今でもきっと一万ドルぐらいしか持っていないでしょう」（『ウォーレン・バフェット　自分を信じるものが勝つ！』）

バフェットの所持金が1万ドルのままにならなかった理由は二つあります。

理由の一つは、グレアムが決算書の数字ばかりに注目していたのに対し、バフェットは企業の持つブランド力や優れた経営陣といった帳簿には記載されない資産に注目して、資産はなくとも長期にわたる成長が見込まれる企業に投資したことです。

理由の二つ目は、グレアムの極端ともいえる分散投資に対して、バフェットは優れた企業にはあえて多額の投資を辞さなかったことです。こう話しています。「チャーリーもわたしも、自信はあります。自分のお金だけを動かすときは、ひとつの案に純資産の75パーセントを注ぎ込んだことが何度もありました」（『バフェットの株主総会』）

「分散投資でリスクを減らす」という考え方はグレアムに限らず、金融界でしばしばいわれるキャッチコピーです。昨今は預貯金の金利がまったく期待できないため変わってきていますが、預貯金の金利がそれなりにあった時代には、たとえば自分の資産の3分の1を預貯金に、3分の1を国債などの債券に、そして残りの3分の1を株式投資などに分散するといった方法も喧伝されていました。

資産を何か一つで運用するのではなく、リスクのないものと多少リスクがあるものに分散するというのは投資に限らず、資産運用の鉄則の一つです。

ましてや株式投資となるとそれなりのリスクもあるため、投資先を分散した方がリスクを抑えられるというのは極めて常識的な考え方といえます。しかし、バフェットもマンガーもそんなことは気にも留めていません。マンガーは「分散投資は、何も知らない投資家がすることです」と切り捨て、バフェットはこう言い切っています。
「わたしたちは好物を大食いしてしまうたちなのです」(『バフェットの株主総会』)
バフェットはリスクを抑えるために、①能力の輪から出ることなく理解できる企業に投資する、②過度の借金をしない、③安全域を確保する――といったことは忠実に守っていますが、分散投資に関しては特に気に留める様子がありませんし、投資におけるリスクをゼロにできるとも考えていません。
2004年、韓国企業への投資を行った際にこう話しています。「投資するときには、一定のリスクを負わなければならない。未来はいつだって不確実だ」(『スノーボール(下)』)
当時も今も韓国には北朝鮮というリスク要因があります。あまり現実的ではなくなってきましたが、もし北朝鮮が韓国に侵攻すれば、朝鮮半島ばかりか中国や日本なども戦争に巻き込まれる恐れもあります。そうしたリスクを踏まえたうえでバフェットが投資したのは、鋼鉄やセメント、小麦粉、電機など、いずれも10年後も買われるはずの製品をつくっている企業ばかりでした。韓国国内で高いシェアを持ち、中国や日本にも輸出している、恐らくこれから先何年も競争力を保つであろう企業に、バフェットは投資しました。
未来は不確実で、予測不可能です。しかし、どんな状況になっても確実に買われるであ

ろう、そんな企業への投資なら、リスクは大幅に軽減できるというのがバフェットの考え方です。

リスクがある中でも成長し続ける企業という観点では、イスラエルに本拠を置く超硬工具メーカーのイスカル・メタルワーキングも同様でした。会長のアイタン・ウェルトハイマーから手紙をもらったバフェットは2006年、同社を40億ドルで買収しています。同社の主力工場はイスラエルのガラリアにあります。普通はそれだけで敬遠したくなるはずですが、バフェットは意に介しませんでした。こう言い切っています。

「世界はどこも危険にあふれています。アメリカも平時のイスラエルと同じぐらいに危険です」(『ウォーレン・バフェット　華麗なる流儀』)

リスクがあることは事実です。しかし、同社は世界が必要とする製品を製造し、世界60か国で業務を展開しています。しかも経営陣は熱心でとても有能でした。

どんな状況でも、良いビジネスは良いビジネスであり続けるのです。バフェットは、リスクと事業のポテンシャルを測る優れた天秤を持っています。そしてその天秤は、たゆまぬ企業研究と実践の賜物なのです。

哲学4

〈バフェット・メモ〉

サンドイッチにでも
経営できる企業を探せ

国でも企業でも、
大きな借金は転落への第一歩と心得る

盛田昭夫夫妻の晩さん会で、
一皿も手をつけられず
気まずい思いをしたことがある

失敗して後悔するのは、
自分のわからないものに手を出した時

哲学 5

〈バフェットの習慣〉

一度身につけたルールは絶対に守り抜く

いかにして良き習慣を身につけるか

成功する者は、基本の原則に忠実である。大成功する者は、基本の原則を自分なりのマイ・ルールへアップデートする。

バフェットの特徴の一つに、「一度身につけた原則や習慣はとことん守り抜く」というものがあります。

投資に関しては、バフェット流の創意工夫がいくつも加わってはいるものの、根幹にあるのは学生時代に本を読み感銘を受けたグレアムの投資原則です。

そのため、時に「時代遅れ」などと揶揄されたこともありましたが、バフェットはそんな言葉で揺らぐことはなく、自らのやり方を貫き通すことで「世界一の投資家」となり、その地位を守り続けています。

バフェットにとって原則というのは、時代とともに変わったり、無用になったりするものではなく、本物の原則というのは決して時代遅れになどならないものです。

投資の原則に忠実なように、バフェットは私生活においても自分が決めた習慣を頑ななまでに守り続けています。

1991年、61歳のバフェットはソロモン・ブラザーズの暫定会長に就任しましたが、その時バフェットが最も驚いたのは、ウォール街の住人の贅沢な食生活でした。幹部社員用食堂の厨房は、ニューヨークのどのレストランよりも広く、総料理長の下、パンやソースなどそれぞれを担当する料理長がいて、社員は「この世にある欲しいものは何でも注文できる」仕組みになっていました。
もっとも、バフェットにはそんな食堂など不要でした。ある日のこと、バフェットは運転手に車を停めてくれるように頼み、近くの店へと入っていきました。ハムサンドイッチとコカ・コーラがたくさん入った袋を手に持ち戻ってきたバフェットを見た運転手は驚きます。他の重役たちが分厚いステーキを頬張る横で、ハムサンドイッチを食べ、コカ・コーラを飲むのがバフェットの習慣でした。
「おなじものをずっとくりかえし食べるのが好きなんだ。ハムサンドイッチなら、朝食に五〇日間つづけて食べられるよ」（『スノーボール（下）』）
バフェットは豊富な読書や投資での成功と失敗を経験しながらさまざまな原則を学び、習慣を身につけていますが、一旦身についた原則や習慣はとことん守り抜くのがバフェットの生き方なのです。

第1話

たとえ遊びでも、自分の規律は破らない

バフェットは世界一の投資家であり、世界有数の資産家ですが、その資産はすべて自力で築き上げたものです。両親からは一切財産を受け継いでいません。バフェットは、両親から財産を受け継いでいないし、欲しくもなかったものの、財産以上に大切なものを受け継いだと話しています。

それは優れた価値観であり、人としての誇り高い生き方でした。

人は習慣の生き物であり、早い時期に身につけた習慣というのは長い人生の中でそう変わるものではありません。バフェット自身、こう言い切っています。「人は習慣で行動するので、正しい思考と振る舞いを早いうちに習慣化させるべきだ」(『投資参謀マンガー』ジャネット・ロウ著、増沢和美訳、パンローリング)

バフェットと相棒のマンガーが尊敬する人物にベンジャミン・フランクリンがいます。

フランクリンはアメリカの政治家、外交官、著述家、物理学者、気象学者で、印刷業で成功した後、政治の世界に進出、アメリカの独立に多大な貢献をした人物です。凧《たこ》を使った実験で雷の正体が電気であることを明らかにした功績でも知られているように、探求心の強さ、勤勉、合理主義、社会活動への参加という近代的人間像を象徴する人物として、バフェットやマンガーだけでなく、前大統領のドナルド・トランプなど多くの人がフランクリンを尊敬し、フランクリンの著書を愛読しています。

そのフランクリンが実践したことで知られているのが、「フランクリンの13徳」です。いかなる時にも過ちを犯さずに生活するために、生まれながらの性癖や習慣を克服したいと考えたフランクリンは、すべての徳を13徳（節制、沈黙、規律、決断、節約、勤勉、誠実、正義、中庸、清潔、平静、純潔、謙譲）にまとめ、一定の期間どれか一つに集中し、その徳を修得できたら次の徳に移り、そうして13の徳をすべて身につけようと努力したことで知られています。こうして身につけた徳のおかげで、フランクリンは個人としても幸福に、そしてアメリカ合衆国にも大きな貢献ができたと考えられています。

バフェットはフランクリンとまったく同じやり方をしたわけではありませんが、幼い日に両親に教えられた価値観、自ら本や経験を通して学んだ習慣や原則を忠実に守り続けることで大きな成功を手にしています。

バフェットと同じくフランクリンを敬愛するマンガーは、自分の子どもたちに早い時期からこんなことをいい続けています。「できる限りの努力をする。決して嘘をつかない。やるといったら必ず成し遂げる。言い訳はクソほどの価値もない。約束には早めに出向く。遅刻は禁物。遅れてしまったら言い訳などせず、ただ謝る。言い訳などだれも聞きたくない（中略）電話は直ちに折り返す。もう一つは、ノーの結論は五秒で出す。素早く決断して相手を待たせるな」（『投資参謀マンガー』）

バフェットも早くからこうした人としてのルールや、自ら発見した投資の原則などを身につけ、習慣となるまで守り続けることを心がけています。

ある時、バフェットは仲間数人とゴルフをすることになりましたが、その際、3日間のプレー中に1回でもホールインワンを決めたら2万ドルという話を持ちかけられました。賭け金はわずか10ドルでした。その場にいた全員が賭けに参加しましたが、バフェットだけは断固として拒否しています。理由はこうです。「小さなことで規律を破ると、大きなことでも規律を破るようになる」（『バフェットの株主総会』）

仲間内のゴルフで10ドルというわずかな金額で賭けに興じるのは、ごくごく小さなことです。それを頑なに拒否するのは「大人げない」という人もいるかもしれませんが、バフェットにとっては小さなことだからこそ安易に破ってはいけないし、断固守らなければならないものでした。

ビジネスにおける不正も最初は小さなことから始まるように、たとえ小さなことでも、規律を一度でも破れば、二度、三度と破るようになり、やがては大きなことでも規律を破るようになるものです。バフェットは、習慣の威力と怖さをよく知っていました。

企業にとっても「価値観」を守ることは、永続のために非常に重要な要素です。ともに時価総額200兆円を超えるアップルもマイクロソフトも、ある時期、輝きを失ったことがありますが、そこからの復活に欠かせなかったのが「失われた価値観を取り戻す」ことでした。

価値観が揺らぎ、変化すると、それだけで企業がおかしくなります。

同様に、個人にとっても、「良き習慣」が崩れるとそれだけで人は「目指す生き方」からはずれることになるのです。「このくらいは」という誘惑に抗い、価値観や習慣を頑なに守り続けることができれば、人も企業も輝き続けられるのです。

第2話

10代で出会った師の教えを90歳になっても守り続ける

早くから良き習慣を身につけようと心がけていたバフェットですが、同様に早くから取り組んだのが「お金を増やす」ことです。バフェットは子どもの頃、「僕は30歳までにミリオネアになるんだ。もしできなかったら、オマハで一番高いビルから飛び降りるよ」といって周囲の人を驚かせています。

なぜそんなにお金が欲しいのか尋ねられると、彼はこう答えました。「お金が欲しいんじゃないんです。お金を稼いだり、それが増えていくのを見るのが好きなんです」(『ビジネスは人なり 投資は価値なり』)

お金が増えていくのを見るのが好きだったバフェットは、子どもの頃からさまざまなビジネスをしています。6歳の時、アイオワ州にあるオカボジ湖にある山荘で家族と休暇を過ごした際に、バフェットはコーラ6本を25セントで買い、それを湖に行って1本5セントで売り、5セントの利益を上げました。休暇を終え、オマハに帰ってからは祖父の雑貨屋で仕入れたソーダを一軒一軒売り歩いたりもしています。

生活に困っていたわけではありません。大恐慌の直後こそ父ハワードは職を失い、新しく立ち上げた証券会社の顧客開拓に苦労しましたが、努力の甲斐あってバフェットが6歳になる頃には家庭の経済状態は随分と好転していました。お金が好きというよりは、自分の小さなビジネスによってお金が増えていくのを見るのが好きな子どもだったのです。

以来、さまざまな小さなビジネスを積み重ねたバフェットは、高校を卒業する頃には既に5000ドル近い資金を貯め、さらに大学に入学する頃にはその資金を倍近くにまで増やしていました。こうして早くから蓄えた資金がバフェットの「雪の玉」になりました。

「私は小さな雪の玉《スノーボール》をずいぶん若いときから固めた。一〇年遅く固めはじめたら、いまごろ山の斜面のずいぶん下にいただろう」(『スノーボール(下)』)

成功したいのならできるだけ早いスタートを切る方がいい、というのがバフェットの考

え方です。

とはいえ、小さなビジネスを積み重ねるだけで百万長者にはなれません。早くから金融や投資に興味のあったバフェットは幼い頃から図書館に行っては株や投資の本を洗いざらい借りて、繰り返し繰り返し読んでいますが、19歳の頃に出会ったベンジャミン・グレアムの『賢明なる投資家』を読んだ時は友人曰く「まるで神を見つけたみたいだった」(『スノーボール(上)』)というほどの感銘を受けています。バフェットの人生が変わった瞬間です。

そして、その本の著者であるグレアムとデービッド・ドッドが教えていると知るや、コロンビア大学の大学院への進学を決意、大学が始まるわずか1か月前であるにもかかわらず、入学を希望する熱烈な手紙を書きました。バフェットによると、次のような趣旨の手紙でした。「あなたがたがどこかのオリュンポスの山から私たちに光を投げかけているのだと知った、(中略)入学させてくれれば喜んで行きます」(『スノーボール(上)』)

当初、入学を考えていたハーバード・ビジネススクールについては「面接を行なったハーバード卒業生と一〇分話をしただけで、私は能力を見抜かれ、不合格になった」(『スノーボール(上)』)バフェットですが、「バフェットからの手紙(To the Shareholders of Berkshire Hathaway)」で知られているように、文章で何かを伝えるのは得意でした。幸いにもその手紙はグレアムのジュニア・パートナーで大学の入学担当だった副院長のデービッド・ドッドの目に留まり、バフェットは締め切りを過ぎていたにもかかわらず面接抜きで入学を認めてもらっています。

バフェットにとってグレアムはそれほどに偉大な人であり、以来、バフェットは自分なりの創意工夫は加えながらも、グレアムの基本原則を忠実に守ることで素晴らしい成果を上げ続けています。

80歳を前にした時も、こう話しています。「わたしは76歳になった今も、19歳のときに本で学んだ考えかたを実践しています」(『バフェットの株主総会』)

当時は76歳でしたが、恐らく90歳を超えた今も同じ心境なのではないでしょうか。投資とは違いますが、トヨタ自動車でいわれているのが「いいと思ったことはとことんやり続ける」大切さです。トヨタ自動車は今から70年前にフォードで「改善提案」の原型に出会い、本家のフォードがやめた今でもこれを続けています。

バフェットも70年以上前に出会ったグレアムの投資原則に感銘を受け、それを守り続けることで、かつて宣言した「ミリオネア」をはるかに超える存在となったのです。

第3話

「知っている」と「できている」の大きすぎる違い

「知っている」と「できている」の間には大きな差があります。本を読んだり、講演などで話を聞いた時、「あっ、これは知っている」と思うことはよくありますが、そんな時には「じゃあ、できているのか？」と自分に問うてみることも大切です。

どんなにたくさんの「知っている」があったとしても、そこで止まってしまい、「できている」に行かない限り、結果が出ることはありません。

バフェットは子どもの頃から投資や金融に強い関心がありました。オマハの図書館では関心のある本を借りてすべて読んでいるほどですが、ある時、図書館で手にした1冊の本がバフェットを虜にしました。タイトルは『1000ドル儲ける1000の方法』です。

本で紹介されている方法をすべて使えば、100万ドル儲かるということです。

バフェットによると、なかには取るに足らないものもありましたが、気に入ったのは有料体重計の話でした。——最初に体重計を1台買います。その体重計を使って体重を量りたい人はお金を払います。そうやって儲かったお金でもう1台体重計を買う、ということを繰り返すうちに体重計の数は増え、収入も増えていきます。

そして、それは複利でお金が増えるのと同じだとバフェットは考えました。

たとえば、（今では考えられない金利ですが）仮に1000ドルのお金を年利10％で運用し、利息もすべて元金に入れていくと次のようになります。

5年で1600ドルに。10年では2600ドルに。

そして25年で1万8000ドルという大金に育ちます。

バフェットはこの本で「複利の重要性」を再確認するとともに、本に書かれていた「自分からはじめないかぎり成功はありえない」（『スノーボール（上）』）という言葉にも納得しました。本でどんなに素晴らしいアイデアを学んだとしても、自分から行動しない限り、絵に描いた餅に終わります。

「今、すぐに始めよう」が本書を読んだ後のバフェットの決意でした。

投資の世界に生きる者でベンジャミン・グレアムの名前を知らない人はほとんどいません。グレアムが著した『賢明なる投資家』は投資のバイブルとして今も読みつがれています。ところが、これだけよく知られたものであるにもかかわらず、グレアムの理論を忠実に実行する人はあまりいないというのがバフェットの実感です。

グレアムの理論はそれほど難しいものではありません。株券ではなくビジネスを買うという考え方や、価格と内在価値の差に注目する、安全域を確保するという考え方であり、こうしたポイントさえしっかり押さえ、目先の株価の変動に踊らされることなく長期間にわたって保有すれば誰でもそれなりの資産を築くことができますし、少なくとも貧乏になることはない、というのがバフェットの考え方です。

実際、グレアムの理論を実行することで成功した人は少なくありません。チャーリー・マンガーもグレアムの理論の実践者です。バフェットはこうした人たちを「グレアム・ドッド村」の人たちと呼んでいますが、一方で、この理論をどれほどデータを見せても理解できない人もいれば、この理論が過去に流行したこともないと話しています。

「ベン・グレアムのことを知る人は多いのに、彼の理論を実行に移す人は少ない。どうしてでしょうね」(『ウォーレン・バフェット 自分を信じるものが勝つ!』)

グレアムのやり方にしろ、バフェットのやり方にしろ、その詳細はよく知られており、実行に移すことも決して難しくはありません。にもかかわらず、真似している人、実行している人は多くはありません。理由は二つあります。

一つはグレアムやバフェットのやり方そのものはよく知っているにもかかわらず、実行に移そうとはしない人がいるからです。バフェットは投資家として成功するために必要なこととして、読書プラス「少額でいいですから、投資をしてください。本を読むだけではだめです」(『バフェットの株主総会』)とアドバイスをしています。

そしてもう一つの理由をバフェットはこう分析しています。「人間には、簡単なものを小難しくするのを好むという、つむじ曲がりの性質があるようです」(『賢明なる投資家』)

もっとも、それはバフェットにとって決して悪いことではありません。流行の理論に追随してへまをする人が増えれば増えるほど、賢い投資家のチャンスは増えるからです。

「船は丸い地球を帆走しようとも、『地球は平らだと考える集団』は繁栄するのです」(『賢明なる投資家』)。みんなが流行の理論を追えば追うほど、グレアム・ドッド村は栄えることになるのです。

第4話

既存の原則に、オリジナルの創意工夫を重ねて完成させる

今ではグレアムの後継者」どころか、グレアムを超えた存在となったバフェットは、かつてバフェットに「ワン・ストライク」という生涯忘れられない言葉を口にしたルイス・グリーンから揶揄されたことがあります。グレアム－ニューマンの最後の株主総会でのことです。

グリーンは、「なぜグレアムとニューマンは人材を育てなかったのか？」とグレアムの「大きな過ち」をなじったあと、こういいました。

「あとを任せようと思えば任せられるのは、ウォーレン・バフェットという若僧だけだ。

やっこさんが一番というんじゃしかたがない。バフェットと相乗りしたいやつがどこにいる」(『スノーボール(上)』)。ひどい言い様ですが、グリーンから見ればバフェットはほんの数年前に「ワン・ストライク」を告げた相手であり、「若僧」に過ぎなかったのでしょう。

しかし、周囲の評価とは別にグレアム自身はバフェットを高く評価していました。1956年、引退してカリフォルニアに移り住むことを考えていたグレアムはグレアム-ニューマンを畳むつもりはなく、パートナーだったジェリー・ニューマンの息子で会社に残るミッキーを支える形で、バフェットにゼネラル・パートナーになるよう持ち掛けています。**グレアム-ニューマンから「ニューマン-バフェット」に変わるということですが、グレアムのいない会社で働くつもりのないバフェットは、その申し出を「光栄」に思いながらも断っています。**

結果的に同社は解散しますが、バフェットを評価していたグレアムはグレアム-ニューマンに出資していたホーマー・ドッジ(ノーウィッチ大学の総長などを歴任)などに解散後の資金運用を任せる先として「うちで働いていた人間で、期待できそうなのがいるよ」(『スノーボール(上)』)といってバフェットのパートナーシップを紹介しています。

周囲の見方はどうあれ、バフェットは26歳の若さでグレアムの事実上の後継者となったのです。そんなバフェットとグレアムの関係を見事に言い表したのが、ベンチャーキャピタルのセコイア・ファンドの創立者ウィリアム・ルエインです。

「私たちにとって、グレアムの著書はバイブルである。そしてウォーレンは、自身の資産運用を通じてこれを改訂した。言うなれば、新約聖書を書いたようなものだ」(『ウォーレン・バフェット 自分を信じるものが勝つ!』)。その通り、バフェットはグレアムの継承者ではありますが、グレアムにはなかったものを持ち込むことでより見事な投資実績を残しています。

1963年、バフェットは工場や土地といった目に見える資産を持たないアメリカン・エキスプレスに注目しました。アメリカでクレジットカードが必需品となり始めていた頃のことです。アメックスの子会社が倉庫管理をしていた植物油精製会社アライドが不祥事によって倒産したことで、同社の株価が急落しました。当初60ポイントだったものが、64年には35ポイントとなったのです。投資家たちは同社の株を売り急ぎ、果たしてアメリカン・エキスプレスは生き残れるのかという噂さえささやかれ始めました。

同社の業績はずっと堅調でしたし、トラベラーズ・チェックは世界中で5億ドルも流通していました。クレジットカードも好調でしたが、不祥事が起きた当時、そんなことに投

資家は目もくれませんでした。しかし、バフェットだけが違っていました。

バフェットはオマハのレストランや店を時間をかけてチェックしたうえで、その信用はスキャンダルによってもまったく低下していないことを確信しました。同社は倒産などしないし、今後も高いブランド力によって成長すると確信したバフェットは同社株に積極的な投資を行いました。グレアム流の「資産がすべて」とはかけ離れたやり方でしたが、バフェットには絶対の自信がありました。

「私は優れた企業や経営陣に高い値段をつけてもよいと思うようになりました。ベンは決算書の数字ばかり見ていましたが、私は帳簿には記載されない資産や、目に見えない資産に着目しています」（『ウォーレン・バフェット　自分を信じるものが勝つ！』）

子会社の不祥事を乗り越えたアメリカン・エキスプレスの株価は49ポイントを超え、バフェットのパートナーシップに素晴らしい貢献をしましたし、今もバークシャー・ハザウェイの大切な投資先であり続けているのは前述の通りです。

ビジネスの世界で単なる模倣者が本物を超えるというのは不可能です。バフェットはグレアムの投資原則に学び、守るべきものは守りながらも、そこに自分なりの創意工夫を持ち込むことで「バフェット－グレアムの投資原則」をつくり上げたのです。

第5話

習慣や原則と同じだけ「道理」と「誠実さ」を重んじる

バフェットは、人生を生きるうえで習慣や原則に忠実であり続けようとしていますが、同じように大切にしたのが「ものの道理」や「人としての誠実さ」です。

本来、企業経営というのは生きるか死ぬかの闘いだけに、道理や誠実さというのはつい後回しにされがちですが、バフェットはこれらがなければ意味がないし、危ういことになるとも考えていました。

1976年、バフェットにとって「初恋の人」ともいえる保険会社のガイコが破綻の危機に瀕していました。1億9000万ドルの赤字を出して、配当は停止、ほんの少し前まで

61ドルあった株価は2ドルにまで暴落してしまいました。古くからの株主がパニックになり、売り急いだ結果でした。前年にバフェットが感じていた異変は正しかったのです。

危機に瀕した企業を救うためには優れたリーダーの存在が不可欠です。当時、バフェットは同社の株を持っていませんでしたが、新しくCEOとなったジャック・バーンに会い、リーダーとしての資質の高さを確信すると、「きょう、明日にでも価値がなくなるかもしれない株」(『スノーボール(下)』)を50万株注文して、さらに数百万株を買い足すよう手配しました。400万ドル相当の取引です。当時のバフェットは投資家としての評価が確立し始めており、バフェットがガイコに投資したという事実が他の投資家にとってはある種の「安全域」として機能するようになっていました。

さらにバフェットはソロモン・ブラザーズのジョン・グッドフレンドに対し「いつでも全株を(中略)引き受ける用意がある」(『スノーボール(下)』)と説得することで、ソロモンにガイコが発行する7600万ドルの転換株の売り出しを引き受けさせています。

なぜバフェットがそこまで熱心だったかというと、バーンを「本当に冷静で動じることのないプロフェッショナル」と評価したからでした。そしてバーンは、バフェットの協力も得ながら、改革を推し進めました。問題を起こした経営陣を追放し、収益につながらない3万人の保険契約を解除、社員2000人も解雇しました。「公立図書館の運営をしているんじゃない。会社を救おうとしているんだ」という厳しい姿勢で子会社も整理し、いくつもの州から撤退するなどのリストラを進める一方で、「私が墓場で口笛を吹かなかったら、だれが吹くんだ」と率先して会社を明るく楽しい場所に変えようと努力しました。

バフェットはバーンのことをこう評価しました。「国中探しても、あれより優秀な戦場指揮官は見つからなかっただろう。（中略）労多く成果の出にくい仕事だった。ジャック以上にうまくやれる人間はいなかっただろう。（中略）ジャックは途方もない時間をひとつの目標に集中した。つねに前例ではなく、道理を重視した」（『スノーボール（下）』）

結果、同社は再生し、目標を達成しましたが、その時、バーンは「うまいもんを食わせてやる！」といって、自らコック帽を被って社員のためにアイルランド料理をふるまい、労をねぎらいました。そしてバフェットは、バーンを友人の輪に入れたのです。

ビジネスの世界には前例踏襲《ばっこ》が跋扈していています。「前と同じ」ことをしていれば、反対する人も少なく、かつ失敗のリスクも少ないからですが、変化の激しい時代にそんなことを繰り返しているだけでは勝ち残れません。かといって、バフェットは何でも新しいことをやればいいと考えているわけでもありません。バフェットにとって大切なのは、変化に対応しながらも、「道理を重視する」ことであり、人として「誠実」であることです。

人生で成功するためには何が必要なのでしょうか。バフェットが学生に「クラスメートのひとりにだけ投資できるとしたら、誰に投資しますか」（『バフェットの株主総会』）**と問いかけたことがあります。成績が良いとか、スタイルや容姿が抜群な者などいろいろな答えが考えられますが、バフェットの答えは「いちばん実行力のある者」でした。**

どんなに才能があってもそこに実行力と、困難に負けない行動力がないと成功は望めません。バフェットは学ぶだけではなく、実践することの大切さを説いていました。

では、才能があり、行動力があれば絶対に成功は約束されているのかというと、バフェットはもっと大切なものがあると考えていました。「知性、エネルギー、そして誠実さ。最後が欠けていると、前の二つはまったく意味のないものになる」（『バフェット合衆国』ロナルド・W・チャン著、船木麻里訳、パンローリング）

成功のためには良き習慣を身につけること、原則に忠実であることに加え、道理を守ること、人として誠実であることがとても大切だと、バフェットは説いています。

哲学5

〈バフェット・メモ〉

友人とのゴルフでも、
賭け事には参加しない

幼い頃から、自分のビジネスで
お金が増えていくのを見るのが
好きな子どもだった

簡単なことを小難しく考えるのではなく、
すぐに行動に移す

師グレアムの考えとかけ離れていても、
自身の考えに則った選択をする

哲学 6

〈バフェットのお金のルール〉

毎年着実に成果を上げ、社会に還元する

お金は稼ぐことより使い方が重要である

圧倒的な資産を有していても、家は人並み、車は1台で、慈善事業に数兆円に及ぶ寄付をする。真のノブレス・オブリージュとは。

バフェットが長者番付『フォーブス４００』に初登場したのは１９７９年、49歳の時です。そして『フォーブス４００』のベスト10に初めて入ったのが１９８６年、56歳の時のことです。

20代で世界トップレベルの資産家になったスティーブ・ジョブズ（アップル創業者）やマーク・ザッカーバーグ（フェイスブック創業者）などに比べると遅咲きといえますし、彼らのような華やかさもありませんが、その歩みは「毎年、着実にお金持ちになる」というものであり、一旦、ベスト10に入ると、以後は今日に至るまで常連であり続けているというのがバフェットのすごさです。

投資の世界には時に一夜にして大金を手にする人がいます。かと思うと一夜にして大金を失いすべてをなくす人もいます。あるいは、１９９２年にイギリス通貨ポンドへの巨額の空売りを行い、総額20億ドルもの利益を稼ぎ出すことで、「イングランド銀行を叩き潰した男」という異名をとったジョージ・ソロスのような派手な活躍をする人もいます。

バフェットはこうした人たちと違い派手さはありません。短期の勝負を好む投機家ではなく、長期の所有を基本とする賢明な投資家であることに誇りを持ち、毎年、確実に成果を上げていくのがバフェットのやり方です。

そんなバフェットが「世界一の投資家」と尊敬されるのは、バークシャー・ハザウェイを時価総額3860億ドル（2021年8月11日時点）の企業へと育て上げ、個人としても1000億ドルを超える資産（2021年3月11日に到達）を持つ一方で、私生活においては贅沢を嫌い、地味な生活を送りながらビル&メリンダ・ゲイツ財団などに多額の寄付をするなど、慈善活動にも積極的に取り組んでいるからです。

格差が拡大するアメリカにおいて、税金の問題など「持てる者の義務」についても積極的に発言しています。

「お金は社会からの預かりもの」という言い方をしばしばしているように、バフェットにとって、お金は稼ぐこと以上に、どう使うか、何に使うかがとても大切になってきます。

そして、こうしたお金に対する厳しさを持ち続けたからこそ、バフェットは成功し続けることができたし、尊敬される存在ともなったのです。

第1話

どれだけ裕福になっても、倹約と貯蓄を基本とする

バフェットによると、収入の多寡にかかわらずお金持ちになりたい人すべてが心がけるべきことがあります。それが「使うお金は入るお金より少なく」を守り抜くことです。「莫大な遺産を遺したバフェット家の人間はひとりもいないかもしれないが、なにも遺さなかったものもいなかった。稼ぎを使い果たすことはなく、つねに一部を貯めておいた。それでずっとうまくいっているのだ」（『スノーボール（上）』）と話しています。

日本の「公園の父」と呼ばれる本多静六は、投資家として巨万の富を築いたものの、東京大学を退官するにあたり、そのほとんどを教育機関などに寄付したことで知られていま

す。苦学しながら東京農林学校（現在の東京大学農学部）に学び、教授となっていますが、一方で本多は収入の4分の1を必ず天引き貯蓄する「勤倹貯蓄」を行い、その資金を元手に株式投資を行うことで巨万の富を築いた人物です。

まさにバフェットのいう「使うお金は入るお金より少なく」の実践者といえますが、バフェットはさらに「複利式の考え方」をすることで幼い頃から倹約と貯蓄に努めています。

バフェットにとって投資とは消費を延期することを意味しています。先述した『1000ドル儲ける1000の方法』という本で、複利式でお金を増やす威力を実感したバフェットは、今日の1ドルも数年たてば10倍になるのだから、少額のお金だからと安易に消費するのは馬鹿げていると考えるようになりました。

結婚して2人の子どもも生まれたバフェットは、生まれて初めて一軒家を購入しました。価格は3万1500ドルでしたが、複利思考のバフェットの頭の中では100万ドルに等しい買い物であり、すぐに「バフェットの愚行」と名付けたほどです。

複利思考は徹底しており、妻スージーが何かを買いたいと訴えると、「そんなことで五〇万ドルをふいにするのはどうかな」と答え、自らの散髪にすらもこう自問しています。「ほんとうに私はこの散髪に三〇万ドルを費やしたいだろうか」（『スノーボール（上）』）。

今日少額のお金でも消費を先延ばしして運用すれば数年後、数十年後にはちょっとした資産になります。こうした複利式の考え方と、質素な生活こそがバフェットを大投資家へと育てたのです。このような考え方はバフェット特有のものではありません。

ジョージ・ソロスとクォンタム・ファンドを運営していたこともある「冒険投資家」のジム・ロジャーズは、1980年に数百万ドルを手に引退しています。投資では大成功したロジャーズですが、私生活では「女性と二度ばかり短い結婚生活を送った」ものの、「犠牲もあった」と話しています。理由はこうです。「私には、私たちのために市場で働いてくれるそのお金で新しいソファーを買うのが必要なことには思えなかった。若者が節約し、正しく投資する1ドルはのちに20倍になって返ってくる」(『冒険投資家ジム・ロジャーズ 世界バイク紀行』ジム・ロジャーズ著、林康史、林則行訳、日経ビジネス人文庫)。投資家と暮らすのはなかなか大変です。

しかし、バフェットにとってはこうした生活は少しも苦でありませんでした。早くからビジネスを行い、投資も行って、大学院を卒業した頃には既に2万ドル近い資産を手にしていました。資産は増え続け、グレアム－ニューマンを辞め、オマハでパートナーシップを始める頃には手元におよそ17万4000ドルもの資金を蓄えていました。

オマハで借りた家は月175ドル、生活費は年1万2000ドル（『スノーボール（上）』）でした。26歳のバフェットの計算によると、引退して手元の資金を運用するだけでも35歳で念願のミリオネアになれるはずでしたが、それだけの資産を持ちながらバフェットが借りた家はかろうじて住める程度の広さしかなく、しかもその狭い書斎を事務所として、たった一本の電話を引いてパートナーシップを始めることにしたのです。

バフェットは一つひとつの出費を黄色い罫線に手書きで記入することでできるだけ出費を抑えます。 運営するパートナーシップの総資産は膨れ上がり、1966年には4400万ドルに達し、大金持ちになったバフェットは投資家への手紙にこう書きました。「スージーと私は、映画を観に行くおカネを節約して六八四万九九三六ドル投資しています」（『ビジネスは人なり 投資は価値なり』）。質素な生活はその後も続きます。

資産の大半を慈善事業に寄付すると発表した際にも、「わたしは何も犠牲にしていません」「犠牲とは、夜の外出を控えたり、多大な時間を割いたり、ディズニーランド旅行をやめたりして、教会に寄付することです」「わたしの生活はちっとも変っていません」（『バフェットの株主総会』）と話しています。バフェットにとって倹約することは自然なことであり、お金をたくさん稼いで贅沢な暮らしをしたいといったモチベーションはないのです。

第2話

お金は、自分が好きなことを上手にやった副産物であるべきだ

バフェットが幼い頃から「ミリオネアになりたい」という希望を口にしていたのは先述した通りですが、そのきっかけの一つとなったのが10歳の頃、父ハワードと一緒にニューヨークを訪ねた時でした。

バフェットは父に「三つ見たいものがある」と告げました。一つ目は切手とコインのカタログを出しているスコット社。二つ目は鉄道模型メーカーのライオネル社。子どもらしい希望です。そして三つ目は子どもらしくはないけれど、ニューヨーク証券取引所を訪ねるといういかにもバフェットらしい願いでした。

ニューヨーク証券取引所を訪ねたバフェットと父は証券取引所の会員のアト・モルというオランダ人と一緒にランチを食べます。食べ終えた後、いろいろな種類のタバコの葉を載せたトレイを持った男がやってきて、アト・モルが葉を選ぶと、男はそれで葉巻をこしらえました。この光景がバフェットの心をとらえました。

当時のアメリカはまだ大恐慌のあとの混乱から完全には立ち直っていませんでした。しかし、証券取引所では特別あつらえの葉巻を吸う人がいて、それをつくる人がいます。それは不要不急のものではなく、まさに贅沢な行いでしたが、その様子を見たバフェットは葉巻には何の興味がないものの、こう考えるようになりました。

お金があれば「それで自立できる。自分の人生でやりたいことが、それによってできるようになる。それに、自分のために働くのがいちばん。他人に指図されたくない。毎日、自分がやりたいことをやるのが重要だと思っていた」（『スノーボール（上）』）

バフェットは特別あつらえの葉巻を吸える生活をしたかったわけではありません。しかし、自分が本当にやりたいことをやり、誰にも指図されない生活をするためにもお金を稼ぎたいと考えるようになったのです。

「自分が素晴らしい仕事だと思えることをやるのが、本当に満足する唯一の方法なのです。

まだそれを見つけていないなら、探し続けましょう」は、スティーブ・ジョブズがスタンフォード大学の卒業式で学生たちに語りかけた言葉です。大切なのは自分が心の底から愛することをやることであり、そこから生まれる情熱が世界を変えるほどのものをつくりあげる、というのがジョブズの考え方です。

ネブラスカ大学リンカーン校経営学部で、ビル・ゲイツとの公開対話に臨んだバフェットも、学生たちに「何でもいいから夢中になれるものを見つけてください」(『バフェット&ゲイツ 後輩と語る』)と語りかけています。

そして自分は投資という夢中になれるもの、大好きなものを見つけることができてとても幸運だったと話しています。

バフェットはこう問いかけます。

お金のためだけの仕事はしたくないでしょう?

快く思わない仕事はしたくないでしょう?

毎朝、出かける時はわくわくしていたいでしょう?

バフェットは当時も今もシスティナ礼拝堂に絵を描きに行く画家のようなわくわくした気持ちで仕事をしているといいます。扱う金額はかつてと比べて格段に多くなりましたが、仕事をする喜びは昔も今もまったく変わらないといいます。

大好きな野球を例にこんな話をしています。1941年に4割を打ったテッド・ウィリアムズは、最も高い給料をもらったとしても、2割そこそこしか打てなかったらふさぎこむが、逆に4割打てれば給料が最も少なくても大喜びするだろう、と。そしてこう総括しました。「大事なのは、自分が好きなことをとびきり上手にやることです。お金はその副産物に過ぎません」(『ウォーレン・バフェット 自分を信じるものが勝つ!』)

「お金が目当てで会社を始めて、成功させた人は見たことがない」も、ジョブズの言葉です。理由は自分が夢中になれることであればどんなに苦労をしても情熱を注いで頑張れるのに対し、お金儲けだけを目当てにすると少しの困難で諦めてしまうからです。

大切なのは自分が心の底からやりたいと思うこと、大好きなことを、バフェットがいうようにとびきり上手にやることです。今の時代、グーグルなどの考え方は「すごいサービスを提供すればお金は後から付いてくる」ですが、バフェットにとっては大好きなことを見つけ、夢中になって働いた、その結果が成功であり、富であり、名声をもたらすことになったのです。お金は目的ではなく、あくまでも副産物なのです。

第3話 バークシャー・ハザウェイの経費は同業他社平均の250分の1

バフェットは、車のナンバープレートに「倹約（Thrifty）」と書いてあるといわれるほど、「倹約」という言葉が大好きです。もちろん自分の私生活においては先述したような「複利式の考え方」を適用することで消費をできるだけ先延ばししようとしていますし、その他の面でも贅沢をひどく嫌っています。

それは投資についても同様です。

バークシャー・ハザウェイがサンフランシスコの銀行ウェルズ・ファーゴの株式を7％保有していた当時、幹部の1人がオフィスにクリスマス・ツリーを飾りたいと言い出しました。その話を聞いたCEOのカール・ライチャートは飾ることは拒否しなかったものの、「それほど欲しいのならポケットマネーで買うように」(『ウォーレン・バフェット 自分を信じるものが勝つ！』)と命じたといいます。この話を聞いたバフェットとチャーリー・マンガーは即座に同行の株を買い増しするという決断をしたといいますから、いかにバフェットが倹約の精神を重んじているかがよくわかります。

バッファロー・イブニング・ニュースを買収した際、同社のこぎれいなオフィスや印刷工場を目にしたチャーリー・マンガーはこんな感想を口にしました。

「新聞社が新聞を発行するために、なんで宮殿が必要なんだい」

バフェットも同様の感想を持ったらしく、その建物を「タージマハル」(『投資参謀マンガー』)と呼んでいます。それは著名な建築家の手によるものでしたが、風の強いバッファローの街の建物としては相応しいものではありませんでした。

決して実用的とはいえない建物を莫大な費用をかけて建てることほど、この2人が忌み嫌うことはありませんでした。バフェットにとって質素倹約を重んじること、日々コスト意識を持つことは当然のことでした。

「私は、どこかの会社が経費削減に乗り出したというニュースを耳にするたびに、この会社はコストというものをちゃんと理解していないと思ってしまいます。経費の削減は、一気にやるものではないからです」（『ウォーレン・バフェット 自分を信じるものが勝つ！』）

バフェットにとってコストの削減は、人が朝起きて顔を洗うことと同じようなものでした。優れた経営者なら、朝起きて「さて、息でもするか」と考えないように、コスト削減も当たり前のようにできて当然のことだというわけです。

その言葉通り、バークシャー・ハザウェイの経費はとても低く抑えられています。マンガーによると、それは同業他社の平均の２５０分の１程度であり、同社より低いところは他にないといいます。そのため、破格の値で売り出されていたビルを買って本社を移転するという計画が持ち上がった時も、豪華な事務所に移るのは社員や傘下の企業に良い影響を与えないという理由で中止をしています。

バフェットにいわせれば、倹約の精神は私生活から始まります。１９９６年の株主総会でこんなことをいっています。「バークシャーの取締役は昨年、合計で一〇〇ポンドの減量に成功しました。少ない役員報酬で生活していこうと努力した結果にちがいありません」

(『ウォーレン・バフェット　自分を信じるものが勝つ！』)

1993年、ABCの会長トーマス・マーフィーと一緒にドラマ『オール・マイ・チルドレン』に通行人役としてバフェットが出演した時のことです。出演料として一人300ドルの小切手を受け取ったところ、マーフィーは「この小切手は額に入れて飾っておこう」と喜んだのに対し、バフェットはこういいました。「私は小切手の写しを飾ることにしよう」(『ウォーレン・バフェット　自分を信じるものが勝つ！』)

こんなエピソードもあります。2005年、バフェットとビル・ゲイツがネブラスカ大学リンカーン校で学生を前に公開対話を行った時、学生が「100ドル札を落としたら拾いに戻りますか。それとも貧しい学生に拾わせてあげますか」と質問したところ、バフェットはこう答えました。「もしビルが10セント落として出て行ったら、私が拾う」(『バフェット&ゲイツ後輩と語る』)

バフェットにかかれば300ドルはもちろん、10セントであっても10年、20年後にはそれなりの金額になります。バフェットの「倹約」はお金持ちかどうかに関係なく、習慣として体の一部になっています。贅沢をしだせばきりがなくなります。バフェットは公私ともに質素倹約を守り続けることで、グループ各社に良き手本を示そうとしているのです。

第4話

稼いだ額で人生を測るようになると、ろくなことにならない

バフェットもチャーリー・マンガーも若い頃から「お金を稼ぐ」ことに関してはとても貪欲でした。2人とも若い頃から「お金持ちになりたい」と明言していましたし、それを隠すことはありませんでした。「自分はいずれ金持ちになると信じていました。それについては、一瞬たりとも疑ったことはありません」（『ウォーレン・バフェット 自分を信じるものが勝つ！』）と言い切っていたほどです。

そして金持ちになるために早くから学び、実践した結果、2人とも巨大な資産を手にするようになったわけですが、だからといって2人はそのお金を使って贅沢をするわけでも

なければ、自分が大金を持っていることを誇るわけでもありませんでした。

それどころか私生活は質素で、バークシャー・ハザウェイがどれほど巨大になろうとも、アメリカの企業の経営者がよくやるように多額の報酬を得ることはありませんでした。

2人にとってお金を稼ぐことは「自立」への道であり、自分が大好きなことをやるためにお金を稼ぐことが必要だったのです。

お金を稼ぐこと自体はもちろん悪いことではありません。だからといって、お金を稼ぐことを唯一の目的としてしまうと、人生で大きな間違いを犯すことになりがちです。


バフェットはソロモン・ブラザーズの株主として取締役会に名前を連ねていましたが、1991年まで同社が期待通りの利益をもたらすことはなく、失望と挫折を味わっていました。手元に届く財務報告書は、最新のものではないことが多いうえ、収益も落ち込む一方でした。理由は過大な社員報酬のためでした。なかでもジョン・メリウェザー率いるアービトラージ・ボーイズ（裁定取引組）の報酬は過大で、ある年にはそれまで300万ドルのボーナスを得ていた1人が2300万ドルに増額されることさえあったほどです。

バフェットは高額のボーナス自体に反対していたわけではありません。「才能があるものに支払うのは当然のことだ」(『スノーボール(下)』)と理解を示してはいたものの、毎度毎度巨額なボーナスを要求する同社の社員たちの強欲さには辟易していました。

こうした強欲さがやがて同社に大きな危機を招きました。

ソロモン・ブラザーズで国債の不正入札を行ったポール・モウザーは国債部門の責任者であり、相手を見下すような態度を取ることもありましたが、ともに仕事をする仲間からは好かれていたといいます。彼の当時の報酬は475万ドルでした。かなりの額です。しかし、為替部門を数か月で黒字化したモウザーにとってその報酬はあまりにも少なすぎました。元の同僚だったラリー・ヒリブランドが秘密のボーナスによって2300万ドルもの報酬を得ていると知って以来、不正に手を染めるようになっていったのです。それ以前、アーブ・ボーイズの誰よりも高い報酬を得ていたモウザーにはこの大きな差は許しがたいものであり、屈辱でもあったのです。

もちろんそれだけが不正の理由とは限りませんが、こうした逆上の背景には嫉妬があるというのがバフェットの見方です。「真の原因は欲望ではなく、嫉妬です(中略)200万ドルをもらえたら、みんな満足します。しかしそれは、210万ドルをもらっている者がいることを知るまでの話です」(『バフェットの株主総会』)。嫉妬は人間を惨めな気持ちにさせ、時に判断を狂わせます。特にお金の場合は嫉妬だけでなく、「お金を手にするために何でもしよう」という不正につながりやすいという問題があります。

バフェットはまた、ウォール街が抱える問題をこう指摘しています。

「巨大な市場が、金で人の価値を判断するような人々を惹きつけています。どれほど金を持っているか、去年どれほど稼いだかということを尺度にして人生を歩んでいくなら、遅かれ早かれ厄介な問題に巻き込まれるでしょう」(『スノーボール(下)』)

バフェットは会社のために働いて損害を出すのは理解できると話しています。しかし、私利私欲のために不正を働き、会社の評判を傷つけるような行為は絶対に容赦しないと明言しています。

日本でもそうですが、自分を批判する人たちに対して、「私はあなたたちよりもはるかに稼いでいます」「あなたたちの何十倍の税金を払っています」などとさも特権階級であるかのようなことを平気で口にする人たちがいますが、その先にあるのはバフェットのいう「厄介な問題」だけ——。バフェットにとって、ウォール街的な「お金がすべて」という尺度は、最も忌み嫌うものの一つなのです。

第5話　「幸福な1％」として生まれた人の義務

ビル・ゲイツもウォーレン・バフェットも、非常に早い時期からビジネスの才能を開花させ、多くのお金を稼ぐことに成功しました。しかし、2人とも私生活という点に関しては、その稼ぎから比してかなり質素な部類に入るのではないでしょうか。

マイクロソフトの若き経営者として成功したビル・ゲイツの秘書はゲイツお気に入りの食事をいつでも注文できるように電話に短縮番号を入れていましたが、相手は「バーガーマスター」というファーストフード店であり、頼むのは決まってハンバーガー、フライドポテト、そしてチョコレートシェイクでした。社員たちと洒落たレストランに行き、社員のためには高級ワインを頼みますが、ゲイツが頼むのはやはりハンバーガーでした。

若き成功者の姿をカメラに収めようとした時も、ゲイツお気に入りのセーターにはいくつも穴があいていて、どの角度からも撮ることができず、仕方なしにセーターを脱いだらシャツもしみだらけだったというのもよく知られた話です。

仕事には厳しく、お金にもうるさかったゲイツですが、自分が裕福な生活をすることにはさしたる関心はありませんでした。稼いだお金について次のようにいっています。「5000万ドル稼いだ人がいたとして、それをただ家を建てたり、自分たちのために使ったとしたら、それはただの消費です。富を貧しい人に分配せず、自分たちの目的のためだけに使っているからです」（『バフェット＆ゲイツ　後輩と語る』）

こうした考え方はゲイツとバフェットに共通するものです。バフェットもこんなことを話しています。「その気になれば、1万人の人を雇って私の自画像を毎日描かせることもできるでしょう。それでもGNPは成長します。しかし、それによって得られる生産物の価値はゼロです」（『ウォーレン・バフェット　自分を信じるものが勝つ！』）

さらに、「お金を稼ぐのは簡単です。むしろ、使うほうが難しいと思います」（『ウォーレン・バフェット　自分を信じるものが勝つ！』）とも語っています。

お金を使うことの難しさを知るバフェットが選んだのが、慈善事業のためにお金を使うことであり、ゲイツと手を組むことでした。

2011年、アメリカのウォール街を中心に行われたデモでキーワードの一つとなったのが、「1％対99％」です。現在では「1％」どころか、「0・5％」ともいわれていますが、この世の中にはほんの少数の圧倒的に裕福で恵まれた人たちと、それ以外の99％の人がいるという閉塞感や怒りからの抗議の言葉といえます。

バフェットは両親から莫大な遺産を受け継いだわけではありませんが、それでも「生まれた場所と時期がすばらしかった」（『スノーボール（上）』）と、自らの幸運に早くから感謝しているのは前述の通りです。

たしかにバフェットは投資の才能に溢れていますが、もしアメリカ以外の国、たとえば発展途上国の小さな村などに生まれたとしたら、そうした才能が見出されることも花開くことも、その可能性は大きく下がったでしょう。

バフェットは自分の成功はこうした運によるものだと話しています。教育熱心な両親に恵まれ、尊敬すべき人たちと出会い、自分が大好きな仕事をすることができた結果が世界有数の資産を築かせることになった——それを自覚しているからこそ、自分たちのような人間は、そうではない人たちのことを考え、その人たちのために何かをすることが必要だ

と考えています。

「幸運な1パーセントとして生まれた人間には、残りの99パーセントの人間のことを考える義務があります」（『バフェットの株主総会』）といって、たとえばアメリカにおける税制の不公正を正すべきだと新聞に自らの考えを発表していますし、「私に言わせれば、この国の税制はあまりにもフラットです。率直に言って、ビルや私は、もっと高い税率を課せられるべきなんです」（『バフェット&ゲイツ　後輩と語る』）とも話しています。

慈善事業への巨額の寄付も「私はずっと、お金は社会に返さなければならない預り証だと思っていました」（『スノーボール（下）』）という思いからです。築き上げた富を自分たち幸運な1%のためではなく、世界中の貧しい人々のために使うことで、バフェットは幸運な1%としての自らの責務を果たそうとしているのです。

余計なことを考えなければ、お金を使うことはとても簡単なことです。しかし、バフェットやゲイツは単なる「消費」のためだけにたくさんのお金を使うことの愚かさをよく知っていました。

バフェットもゲイツもお金を稼ぐ天才ですが、一方で「お金の正しい使い方」を常に考えています。お金の使い方は、稼ぐこと以上に真剣に考えるべきテーマなのです。

哲学６

〈バフェット・メモ〉

- どれほど資産があっても
人並みの家に住み、
慈善事業に巨額の寄付をする

- 仕事をするのに
豪華で華美なオフィスは必要ない

- お金にこだわりすぎると、
お金のために身を亡ぼすことになる

- ビル・ゲイツや自分のような人間には
もっと税を課すべきだと公言する

哲学 7

〈バフェットの時間管理〉
決して無駄遣いせず、使うべきところには徹底的に

最強のリソースは「時」である

誰にも等しく与えられた時間をどう使うかによって、人生は決まるといっていい。さらに重要なのは、多くの人がやっているその使い方が正しいとは限らないことだ。

時間は誰にでも平等にあるものですが、その使い方はさまざまです。

「成果をあげる者は、時間が最も貴重にして最も乏しい資源の一つであることを知っている」というピーター・ドラッカーの言葉が教えてくれるように、限りある時間をどのように使うかでその人の成果も変わることになります。

投資におけるバフェットの時間の使い方は独特です。

株価の動きを秒単位、分単位で追いかけ、次々と決断を下す投資家にとっては、時間は1秒たりとも無駄にできないものであり、ほんの少しの判断の遅れが命取りになることもあるほど時間に神経を使っています。

一方、バフェットにとっては1分、1秒どころか、今日や明日、株価がどうなろうと関係ないだけに、そこまで時間に神経を使う必要はありません。だからこそ、バフェットはインターネットもない時代、ニューヨークから遠く離れたオマハに住むことができたし、大好きなブリッジ（トランプゲーム）以外にパソコンを使おうともしないのです。

では、そうやって生まれた時間を、バフェットは何に使っているのでしょうか？

バフェットは毎年、たくさんの企業の年次報告書に目を通していますし、読みたい本もたくさんあると話しています。有名な「バフェットからの手紙」も自分で書いています。自分にとって本当に大切なことのために時間を使うのがバフェットの流儀です。その意味では、世間がイメージする投資家とはずいぶん違う時間が、バフェットの周りでは流れているといえます。

さらに、バフェットの時間は短期ではなく、はるか遠くを見ているというのも特徴的です。「哲学1〈バフェットの見方〉短期ではなく『圧倒的長期』でものを見る」で書いたように、バフェットは投資にあたって5年、10年という長期でものを見て、株や企業を「できるなら永遠に所有したい」というほど長いスパンで考えています。

ウォール街に限らず、株主というのはどうしても短期でものを見ますし、早い成果を求めがちですが、バフェットのように長期でものを見る株主やオーナーがいれば、経営者自身も長期でものを見ることができるし、戦略を考えることもできます。

バフェット流の投資術、時間の使い方は、急いで金持ちになろうとする人には不向きかもしれませんが、少しずつ豊かになり、長くお金持ちであり続けたい人、そして何よりもお金だけではなく豊かな人生を送りたい人にとっては、理想的なやり方といえるでしょう。

第1話 会議は最低限、手帳は真っ白

ビル・ゲイツにとって、バフェットは最良の相談相手の1人です。バフェットはマイクロソフトに巨額の投資を行っているわけではありませんし、ブリッジ以外にコンピュータを使うこともありません。ゲイツも巨額の資産は持っていても、その資産をバフェットに依頼して投資によって増やそうとは考えていません。その意味ではお互いにビジネス上の付き合いはほとんどないわけですが、少し年の離れた友人同士としてお互いに相談を持ちかけることもあれば、アドバイスをすることもあるといいます。

ゲイツは本当に難しい局面にぶつかった時には、父親や妻のメリンダ（2021年に離婚）に相談するし、時にバフェットにも相談を持ちかけます。ゲイツによると、3人に共通するのは、ゲイツが興奮しすぎて判断を誤ったり、大事なことを忘れていたりする時に上手に修正してくれる点です。そんなゲイツにとって、これまでにバフェットから受けた最良のアドバイスの一つが次の言葉だといいます。

「本当に重要なことだけを選んで、それ以外は上手に『ノー』と断ることも大切だよ」（『バフェット&ゲイツ　後輩と語る』）

バフェットと初めて会った頃のゲイツはとても多忙でした。マイクロソフトのトップとして山ほど会議に出席し、夜になったら1日に400万通届くといわれるメール（大半は迷惑メール）の処理に取り掛かり、長い返事は夜に書きます。そして、1年の4分の1は海外に出かけ、休暇は年にわずか2週間しかありませんでした。そしてこの2週間をゲイツは「Think Week（考える時間）」と呼んで大切にしていました。

一方、バフェットは会議にはほとんど出ませんし、電話もほどほどの本数しか出ることはありません。コンピュータはブリッジ以外に使わないため、メールの相手をする必要もありません。結果、バフェットは「私の『考える時間』は、年に50週くらいかな」（『バフェット&ゲイツ　後輩と語る』）となります。そんなバフェットの手帳の予定表は真っ白でした。それを見たゲイツは、意味がないことには関わらない大切さを知ったといいます。

それにしても、なぜバフェットはこれほど巨大な企業のトップでありながら、会議などに時間を割かれることがないのでしょうか。一つには「オーナーのつもりで経営にあたる経営者」を好み、細々とした指示をする必要がないという点と、もう一つは重要なことに絞り、やる意味のないことには時間を割かないというやり方をしているからです。

バフェット率いるバークシャー・ハザウェイには、企業を経営したいと願うMBAの出身者もいなければ、弁護士や企画立案者、広報担当者、人事担当者なども存在しません。警備員も運転手もコンサルタントも存在しません。

1980年代、わずか11人の社員しかいない同社を訪ねた投資銀行ベア・スターンズのジョン・オットーは、同行したガス関連事業を営む企業の売却を希望する顧客とバフェットの交渉に強烈な印象を受けました。

量販店のKマートで買ったような靴を履いたバフェットは簡単なあいさつの後、すぐに本題に入るよう促しました。バフェットは事前に資料を受け取っており、顧客との質問のやり取りの後、いくつかの条件をつけてすぐに金額を提示しました。

オットーによると、通常は一度会っただけで具体的な交渉に入ることはないといいますが、バフェットはあれこれ駆け引きをしたり、誰かが下交渉をしたりするのを好みませんでした。自分で話し、自分で判断し、1人で結論を出します。

そして、一旦出した結論を変えることはありません。大企業バークシャー・ハザウェイの強みはこのシンプルさです。複雑な組織、たくさんの役員が大企業には付きものですが、そこでは1人ひとりは有能でも、トップの意思は伝わりにくく、部下がやる仕事の多くはさほど意味のないものばかりになりがちです。バフェットはこう考えていました。「やる必要のない仕事は上手にやったところで意味がない」（『ビジネスは人なり 投資は価値なり』）

当時、バフェットは自分と1人のアシスタントで、他社なら100人以上で運用するポートフォリオとほぼ同じ大きさの資金を運用していました。同社の規模が拡大するにつれ、バフェットは投資においても少額の取引や、資本に対して目立った貢献をしない投資を避けるようになっていきました。そうした企業に投資したとしてもバークシャー・ハザウェイにとってはさしたる意味を持たないからです。

バフェットは、やる価値のあることと、ないことを明確に分けます。必要なこと、価値のあることはとことんやりますが、それ以外のものはやらないのがバフェットの流儀です。

本当に大切なことは何かを見極め、意味のないことには決して時間を浪費せず、そうやって生み出されたたくさんの時間がバフェットの「考える時間」となり、優れた決断のもとになるのです。

第2話

ニューヨーク以外で金融の仕事をするという「あり得ない選択」

バフェットが自分の時間を持ち、時間を有効に使ううえで大きな役割を果たしたものの一つに、「働く場所」として生まれ故郷のオマハを選んだことが挙げられます。

投資の世界で勝負するなら、できるだけたくさんの情報が集まる場所、投資関係の人がたくさん暮らす街に住む方がいいと考えるのが普通ですが、バフェットはほんの一時期、ウォール街のあるニューヨークで暮らしたことはあるものの、人生の大半は生まれ故郷のオマハで暮らしています。

バフェットが最初にオマハを離れたのは、父ハワードが下院議員に当選し、家族とともにワシントンD.C.に移った時です。中学に入学したばかりの頃です。しかし、バフェットはオマハに帰りたくて仕方がありませんでした。リラックスして眠ることもできなくなり、祖父に手紙で訴えた結果、祖父から「送り返したほうがいい。孫をつぶす気か」という手紙が届き、数か月後、1人だけオマハへと帰ることができました。

それからしばらくして両親のいるワシントンD.C.に戻り、中学と高校を卒業したバフェットはペンシルベニア大学ウォートン校に入学します。ビジネススクールとして権威のある学校でしたが、退屈な授業に飽き飽きし、「汚いデルフィア《フィルシー》」(『スノーボール(上)』)と呼ぶほどフィラデルフィアを嫌っていたバフェットは、父親が選挙で落選したことを口実に1949年にネブラスカ大学リンカーン校に編入しています。

その後、ニューヨーク州にあるコロンビア大学大学院に進学、1954年からはやはりニューヨークにあるグレアム-ニューマン社で働くなど、数年をニューヨークで過ごしています。敬愛するベンジャミン・グレアムの会社に入り、大好きな仕事をすることができましたが、望んだのはグレアムの会社でグレアムと働くことであり、ニューヨークで暮らすことではありませんでした。そのためグレアムが引退すると、間もなくオマハに帰る決心をしています。

当時、大学の卒業者が自営業者になること、それもニューヨークを離れて金融関係の仕事をするなど考えられない時代でしたが、「このままニューヨークには住みたくない。電車に乗って行ったり来たりの毎日じゃないか」(『スノーボール(上)』)というのがバフェットの思いでした。その時のことをこう振り返っています。「ニューヨークとワシントンD.C.に住んでみて思ったのは、ニューヨークは移動にとても時間がかかるということでした。オマハに住めば、飛行機に片道3時間乗るだけでニューヨークとロサンゼルスに行くことができるし、そのいいところだけを味わうことができます。都会に住むという苦痛に耐える必要がないのです」(『ウォーレン・バフェット 自分を信じるものが勝つ!』)

まるで今日のテレワーカーの感想のようです。都会にあるオフィスへの出社には電車などでの長時間の通勤を欠くことができません。テレワークによって通勤することの苦痛や、通勤時間の意味について考えた人が多かったように、バフェットにとってもワシントンD.C.やニューヨークでの暮らしに伴う移動などの苦痛、意味のなさはオマハへの帰還を決意させるのに十分だったのでしょう。

結果的に、この決断がバフェットの成功につながりました。

「オマハでの生活のほうがずっとまともです。ニューヨークで働いていたころは、都会のほうが刺激があって、アドレナリンも正常に分泌されるだろうと思っていました。でも、あのままニューヨークにとどまって都会特有の刺激に反応するようになっていたら、頭がおかしくなっていたかもしれません。やっぱり、こちらにいたほうが考えがまとまります」

（『ウォーレン・バフェット 自分を信じるものが勝つ！』）

バフェットに必要なのは洪水のような情報ではありませんでした。誰かからもたらされる怪しげな内部情報も、分単位、秒単位の株価の変動も必要のないバフェットにとって、ニューヨークで得られる情報は大きな意味のないものだったのです。

情報に振り回されて時間を無駄に浪費するよりも、余計な雑音から離れ、目の前の銘柄に集中する方がはるかに価値があります。そうすることで初めて優れた考えがまとまり、優れた決断ができるというのがバフェットの考え方でした。じっくりと読み、考え、決断するには、ニューヨークよりもオマハが相応しかったのです。

テレワークの全社的な導入を決めた企業経営者が「社員には浮いた通勤時間を自分の生活をより豊かなものにするために使ってほしい」と話していましたが、日々の生活から無駄な時間を省くことができれば、その時間は自分にとって本当に大切なことのために使うことができるのです。時間はみんなに平等ですが、何に使うかはその人次第です。

第3話

企業買収のような重大な事案でも、イエスかノーかの判断はその場でする

答えの出ない悩みや問題を前にあれこれと思いを巡らし、いろんな考えが堂々巡りして、ただ時間だけが無意味に過ぎていくという経験は多くの人がしていると思います。その時間すべてが無駄とはいえませんが、バフェットは徹底的に時間を無駄にしません。

バフェットにとって、時間は若い頃からとても貴重なものでした。バフェットの長男ハワードによると、バフェットは芝刈機が操作できず、芝を刈ったり、生け垣を手入れしたり、車を洗うところを見たことがなかったといいます。そのことで子ども心にいらいらしたこともありましたが、大人になり時間の価値がわかるようになると、バフェットのやり

方が理解できるようになったといいます。「父にとって時間は非常に貴重なのです」(『ウォーレン・バフェット 自分を信じるものが勝つ！』)

バフェットは、持てる時間のほとんどを投資のために使っています。

バフェットのもとには投資についてアドバイスしてほしいという依頼もたくさん来ますが、そのすべてに答えることはできないと言い切っています。理由は、本来やるべき仕事ができなくなってしまうからです。

そして、自らの投資においてもあれこれと思い悩んで時間を浪費することはしません。理由をこう説明しています。

「まだ判断のしようのない事柄について、あれこれと考えて時間を無駄にすることは避けるようにしています。判断というのは、5分でたやすくできるものです。そんなに複雑なものではありません」(『バフェットの株主総会』)

この言葉通り、バフェットの判断はとても早いことで知られています。

「ノー」となれば、相手がまだ説明をしている途中であっても、話を遮って「ノー」を言い渡しますし、「イエス」という判断も、ものの5分もあればできるといいます。

そして「イエス」であれば、あれこれ分析を深めるのではなく、すぐさま行動を起こすのがバフェットのやり方です。

先述したように、中国の国営企業ペトロチャイナへの投資を年次報告書を読むだけで決断できたのは、バフェットに石油会社などに関する十分な知識と、企業価値を見極める力があったからですが、それは緻密な計算というよりも大まかな分析でかまわなかったとして、その理由をこう話しています。

「分析を深める理由はありません。株を買うべき時に、分析を深めるのは、時間の無駄です。小数点第3位まで計算するというのは、いい考えではありません。あなたに会いに来た人の体重が、150キロから180キロの間だったら、ひと目見ただけで、その人が太っていることは分かります」(『バフェットの株主総会』)

バフェットは2年分の年次報告書を読み、自分が良く知るエクソンなどの石油会社と比較、同社の価値を1000億ドルと査定しました。それに対して株式市場での価値は350億ドルです。これほどに会社の価値が株価をはるかに上回っているとわかれば、あとはあれこれ調査する必要はありません。やるべきことは同社の株を買うことだけでした。

たしかにものによっては分析が必要なこともあるでしょう。しかし、なかにはその必要がないにもかかわらず、分析に時間をかけてせっかくのチャンスを失う人や企業がありま す。成功に必要なもの、それは素早い判断と迅速に行動を起こす実行力なのです。

そんなバフェットだけに、企業買収の提案に対してもごく短時間で返事をしています。よくあるように話だけを聞いて、「あとは持ち帰って検討します」などと面倒なことはせず、イエスならイエスとその場で伝えます。ノーの場合も同様です。

多くの人は自分の時間を大切に思うものですが、一方で、相手の時間に関しては無神経な人もいます。相手の遅刻などには厳しいものの、自分は平気で時間を変更したり、遅れてきたりする人がいます。あるいは、長々と話を聞いて、さんざん引っ張って期待を持たせた挙句に「ノー」を告げる人もいます。相手の都合を考えずに電話をかけてきて一方的な話をする人もいれば、何をいいたいのかわからない資料をつくって読む人の時間を浪費する人もいます。――これらはいずれも相手の時間を浪費することですが、バフェットは自分の時間を大切にするだけでなく、相手の時間も浪費しないようにしています。

成果を上げる人はいつでも、時間が有限であること、何より大切なものであることを知っているのです。

第4話 運命共同体である株主のための年次総会ならば、時間は無制限

バフェットは時間の浪費を好まず、無駄なことに時間を使おうとはしませんが、時間をかけるべきことにはしっかりと時間をかけるという姿勢を貫いています。

バフェットの投資における基本姿勢は長期保有で、自ら投資した企業は可能な限り長く持ち続けたいと考えているのは前述の通りです。**同様に、自分が経営するバークシャー・ハザウェイの株主にも、このスタンスで株式を持ち続けてほしいと願っています。**

株主への手紙の中でこう書いています。「農地やマンションを家族と共同で所有する場合のように、無期限で付き合っていこうと考える企業を部分的に所有しているのだという、

明確なイメージを持っていただきたいのです」（『バフェットからの手紙』）

バフェットはバークシャーの株主には簡単に株を売却するのではなく、自分の資金をバフェットに委ね、長い目でその結果を見守ってくれることを望んでいます。こんな理想も口にしています。「私たちとしてはバークシャーの株主を、入れ替わりが激しい集団の中の顔のない人々としてではなく、自分たちの資金を私たちに委ね、残りの人生を通じてその結果を見守ってくれている共同投資家であると思っています」（『バフェットからの手紙』）

これは、父親の証券会社で働いていた頃からバフェットが理想としていた投資家との関係でした。

もちろんそのためには、バフェットたち経営陣の姿勢も問われます。強欲な経営陣であれば、高い給与や賞与を取り、ストックオプションで資産を増やそうとしますが、それは行き過ぎると会社の利益を減らし、株価の低迷を招く原因ともなりかねません。

株主をパートナーと考えるバフェットはこうした経営を嫌い、自らの姿勢について次のように明言しています。

「バークシャーの株主である限り、みなさんの利益面での運命はチャーリーや私と同じだということです。つまり、みなさんが苦しむ時は私たちも苦しみ、私たちが利益を謳歌するときはみなさんも同様に謳歌しているのです」（『バフェットからの手紙』）

バフェットもチャーリー・マンガーも、資産のほとんどをバークシャーの株で保有しています。バークシャーから高給を取ることもありません。資産の多寡はともかく、すべてはバークシャーとともにあるということです。株主に長期保有を望むのなら、経営陣もその信頼に応えるだけの経営姿勢が求められることになるのです。

このように、株主を「共同投資家」と考えるバフェットは、株主総会についても他の経営者とは違う考え方をしています。若きバフェットにとって、株主総会とは経営陣の采配を評価する場のはずでした。しかし、生まれて初めて株主総会に出席したバフェットにとって、マーシャル・ウェルズの株主総会は経営陣の無関心さを知る機会となりました。

「マーシャル－ウェルズは、ミネソタ州ダルースにある金物卸売業者だった。私にとってははじめての株主総会だった。出席する株主を減らすためだろうが、ニュージャージー州ジャージーシティでひらかれた」（『スノーボール（上）』）

株主総会に出席したのはわずか数人でした。そこにあるのは株主の怠慢と経営陣の無関心でしたが、参加した株主の中にグレアム－ニューマンで働くウォルター・シュロスがいて手厳しい質問を繰り出したため、「経営陣はちょっとむっとしていた」といいます。バフェットにとっては愉快でしたが、経営陣にとっては不愉快な株主総会となりました。

「毎年開かれる年次株主総会の多くは、株主にも経営者にとっても時間の無駄に過ぎないものです」(『バフェットからの手紙』)ともバフェットはいっていますが、その原因は企業の本質に関わることを開示したくない経営陣と、単に自分の意見を吐露したいだけの株主にあるというのがバフェットの見方です。こんな株主総会に意味はないし、やるだけ時間の無駄というものです。

バークシャー・ハザウェイの株主総会はそれらと一線を画します。バフェットの話を聞くために、全米中、世界中からたくさんの人が集まってきます。そんな株主に対し、バフェットはたくさんの質問に答えることで感謝の意を表します。

バフェットは時間の浪費を嫌いますが、株主のためであれば時間無制限で話すのが流儀です。「年次総会とは質問のための時間と場所です。ですから、チャーリーと私はいくら時間がかかろうと、喜んで、すべての質問に答えたいと思います」(『バフェットの株主総会』)

バフェットのこうした姿勢が、株主をして「バークシャーは毎日チェックをしなくても不安を感じない銘柄」(『ウォーレン・バフェット　華麗なる流儀』)にしているのです。

第5話

本を読み、頭を使い、調べる時間を毎日とる

「人が何事かを成し遂げるのは強みによってである」(『プロフェッショナルの条件』P・F・ドラッカー著、上田惇生訳、ダイヤモンド社)はピーター・ドラッカーの言葉です。そのためには、自分は何が得意で、何が苦手かを知ることが大切で、自分が苦手とする「成果を生まない活動」のために大切な時間を浪費するのは無駄だといえます。

バフェットは若い頃から肉体労働や力仕事が大の苦手でした。

前述の通り、父ハワードが下院議員に当選したため、一家でワシントンD.C.に移ったものの、都会のリズムに馴染むことのできなかったバフェットは1人仮病を使ってオマハに帰り、祖父の家で暮らし始めます。

しかし、そこに待っていたのは祖父アーネストの「仕事、仕事、とことん仕事」(『スノ

ーボール（上）』）という考え方でした。アーネストは幼いバフェットがいつも金儲けのことを考えていることを喜んでいましたが、大恐慌によって株式の売買が不調で生活に不安を抱えているハワードにさえ「食べ物のことは心配するな、ハワード。つけを溜めてもかまわん」（『スノーボール（上）』）というほどお金には厳しいところがありました。

当然、孫のバフェットも「無料のランチがこの世にあるなどという愚かな考えを持たない」ように休みの日に働くのは当然と考えていました。そのためバフェットは週末になると、祖父の店「バフェット&サン」で働き、いろいろな半端仕事をやらされました。一番ひどかったのは猛吹雪の日の友人ジョン・パスカルとの雪かきです。店の正面や裏の路地、倉庫や車庫の周りに積もった30センチもの雪を5時間もかけてすべてどかしたにもかかわらず、祖父は2人にわずかの手当てしか払いませんでした。

バフェットは「奴隷」になったような気分を味わいますが、この時の経験から「取引の詳細は事前に決めておけ」（『スノーボール（上）』）という貴重な教訓を学んでいます。**自分の経験から、いつでも何かしらの教訓を学び取るのも若き日のバフェットの特徴でした。**

その後、シンクレアのガソリンスタンドを買った時にも、バフェットは売上を伸ばそうと大嫌いな肉体労働に励みますが、どれほど頑張っても隣のテキサコに勝つことはできず、

2000ドルの損失を出しています。もっとも、バフェット流の複利式の考え方をすれば、損失は「60億ドル」というのがバフェットの評価です。

肉体労働が嫌いで、肉体労働でたいした成果を出したことのないバフェットにとって、投資はまさに自分にぴったりの素敵な仕事でした。ベンジャミン・グレアムはこういっています。「投資家の期待できる収益率は、その人がどれだけのリスクを取る覚悟があるかにおおよそ比例するというものだという認識が一般に広まっているが、われわれの認識は違う。期待できる収益率は、むしろ、投資家が自発的に投資のためにどれだけの知的努力を注げるかにかかっているはずだ」(『賢明なる投資家』)

さらにグレアムはこうも言い切っています。「最大限の利益を得られる可能性があるのは、最大限の知性と技術を駆使する用心深い積極的な投資家なのである」(『賢明なる投資家』)

投資家に求められるのは恐れを知らないリスク覚悟の勝負をすることでも、ひたすらに元本の安全だけを願うことでもなく、自分の持てる知力の限りを尽くして考え抜き、用心深く、しかし積極的な投資ができる者だけである、というのがグレアムの考え方でした。

肉体労働ではなく知的努力が必要な投資は、まさにバフェットにはぴったりでした。

バフェットは猛烈な読書家として知られています。それも並みのレベルではありません。

「10歳のときにはすでに、オマハ図書館にある『金融』という言葉がタイトルに入っている本はすべて、2回ずつ読みました」(『バフェットの株主総会』)というほどですから、幼い頃から手に入る本すべて、関心のある本すべてを、それこそ繰り返し繰り返し読むのがバフェットのやり方でした。

こうした習慣はその後も続きます。「少年がプレイボーイ誌を熱心に読むように、わたしは上場企業の財務諸表を熱心に読んでいます」(『ウォーレン・バフェット 華麗なる流儀』)。この習慣こそがバフェットの投資を支えています。そんなバフェットだからこそ、「投資家として大成功するためには、何をするべきですか?」という質問にはこう答えています。「手当たりしだい、読むことです」(『バフェットの株主総会』)

ネットを通じてどれほどたくさんの情報が入ろうと、またウォール街からどれほど多くの情報が発信されようともバフェットには関係ありません。「投資は力仕事ではない。人一倍、読み、考えなくてはならない」(『バフェットの株主総会』)と考えるバフェットにとって、時間は「毎日、何時間も読み、考え、関心のある企業を調べ、そして判断し、行動する」ためのものなのです。

哲学7

〈バフェット・メモ〉

- ニューヨークから遠く離れたオマハに住み、ゲーム以外にパソコンを使わない
- 他社が100人で回すだけの資金を、たった2人で運用していたことがある
- 生活から余分な時間や情報を省いて、それにより生まれた時間をやるべきことに使う
- 自分の時間だけではなく、相手の時間も大切にする

哲学 8

〈バフェットの自分磨き〉

良い人生はお金では買えない

成功も幸せも、一夜にしてならず

成功と幸せのどちらも手にしたいのなら、自ら信念を打ち立て、それを貫き通すこと。自ら原則を設け、それを守り抜くこと。理想のために、努力を惜しまないこと。

投資の世界には、1929年の大恐慌の引き金を引いたともいわれる「ウォール街伝説の投機王」と呼ばれたジェシー・リバモアや、「イングランド銀行を叩き潰した男」という異名を取るジョージ・ソロスなど有名な投資家や投機家が何人もいますが、こうした人たちは投資の世界の有名人ではあっても、投資に関心のない人にはその名前をほとんど知られていません。

それに対してウォーレン・バフェットは「世界一の投資家」「オマハの賢人」と呼ばれ、投資の世界以外にも強い影響力を持っているところに特徴があります。

ニュースになる話のほとんどは投資がらみですが、バフェットが後継者を指名すれば、それが世界中にニュースとして発信されるなど、多くの人にとって、バフェットの発言は大きな意味を持っています。

もちろんバフェットも、最初からそんな存在であったわけではありません。バフェットが父ハワードの証券会社で働いていた頃には、バフェットがどんなに良いアドバイスをしても真剣に聞こうとする人はなく、「お父さんは何といっているのか?」と質問されるほどでした。しかし、今やバフェットの話を聞こうと、バークシャー・ハザウェイの株主総会にはたくさんの人が訪れ、一言も聞き逃すまいと耳を傾けます。

そんなバフェットに対して、「あの人は世界一の投資家だから」と片づけてしまうと、そこに何の学びもありません。人は成功者を見る時、その過程を無視する傾向がありますが、バフェットも当然ながら一夜にして「世界一の投資家」になったわけではありません。

それを可能にしたのは、先述したようにバフェットが良き習慣を身につけ、原理原則を守り抜くという姿勢を貫いたからであり、早くから自分を磨く努力を惜しまなかったからに他なりません。

バフェットが成功のためにどのように学び、己を磨いてきたのかを知ることは、投資だけでなく、人として生きていくうえで大いに役に立つはずです。

成功して他人から嫉妬されない、それどころか尊敬されるためには、成功に相応しい人間であることが必要なのです。

最後の章では、バフェットの「自分磨き」を見ていくことにします。

第1話

本当は、人前で話すのが大の苦手だった

今や、バフェットの発する一言一言はたくさんの人の関心を集め、バフェットの手紙を読む人もたくさんいるわけですが、そんなバフェットは実は最初から話し上手であったわけではありません。ものを書くのが巧みであったわけでもありません。

コロンビア大学大学院時代、社交が苦手なことを苦にしたバフェットは9歳の頃から愛読していたデール・カーネギー流の話術を身につけようとポケットに100ドルの小切手を入れてカーネギーの講座を申し込みに行ったものの、小切手を渡した後「くじけてしまって支払いをやめた」（『スノーボール（上）』）ことがあります。

しかし、いくら人前でしゃべるのが怖くても、いつかは人前で話さなければならないとわかっていたバフェットは大学を卒業後、オマハで再びカーネギー講座の広告を見つけ、

今度は現金で100ドルを用意、講師に直接手渡すことで後に引けない状態に自分を追い込んだといいます。

講座には30人くらいが参加、演説の参考書をもらい、演説を毎週やる訓練を受けましたが、効果はてきめんでした。「肝心なのは、自分の内面が引き出せるようになることだ。誰かと五分間しゃべることができるのに、おおぜいの前で凍りつくことはないわけだよ。そこで、それを克服する心理的なコツを教えてくれた。反復練習もそのひとつだ――ひたすら練習する。みんなで助け合った。それが効果があった。それは私が得た学位のなかでもっとも重要なものだ」(『スノーボール(上)』)

やがてバフェットはオマハ大学の夜間コースで教えるようになり、またたくさんの人がバフェットの話を聞くためだけに集まるほどの達人となっていったのです。人前で話をするという「学位」は、バフェットにとってたしかに100ドルをはるかに上回る価値を持つようになったのです。

また、書くことに関しては、ビジネスのことをあまりよく知らない人が読んでもわかるような平易な書き方を心がけています。自分が本当に理解できていることなら、誰にでも易しく伝えることができる、というのがバフェットの考え方です。

こうした卓越したコミュニケーション能力もバフェットの魅力の一つですが、これらを身につけるためにバフェットが重視していたのが「自分への投資」を大切にするという生き方でした。

バフェットが幼い頃からお金持ちになりたいと考えたのは、「それで自立できる。自分の人生でやりたいことが、それによってできるようになる」(『スノーボール(上)』)と考えたからです。他人にあれこれ指図されるのではなく、「自分のために働くのが一番」というのがバフェットの考え方でした。コロンビア大学の同級生は皆、卒業したらGMやUSスチールといった当時の人気企業への就職を望んでいましたが、それは「自分のために働くのが一番」というバフェットの考えとは相いれないものでした。

バフェットと同様の考え方をしていたのが、のちに最良の相棒になるチャーリー・マンガーです。マンガーはミシガン大学に入学、数学を専攻しますが、間もなく太平洋戦争の開戦とともに軍に入隊、カリフォルニア工科大学に気象学を学ぶために出向き、気象予報官として過ごします。除隊後、ハーバード大学ロースクールに進学、卒業後に弁護士を開業しています。秀才でした。
しかし、弁護士だけに満足できないマンガーは副業として不動産開発などの投資も手がけるようになり、やがてバフェットと出会って、ビジネスのパートナーとして活動するようになったのです。マンガーはお金持ちになりたかった理由をこう話しています。「フェラーリが欲しかったわけではなく、ただ一本立ちしたかった。心からそれを望んでいたよ」(『投資参謀マンガー』)。だからこそ、そのための努力を惜しむことはなく、マンガーは子どもたちから「歩く本」とさえ呼ばれるほど本を読み、学び続けています。マンガーのこうした努力をバフェットは高く評価していました。
「マンガーは考えた。〝ぼくにとっていちばん大事な顧客はだれだろう〟と。そしてそれは自分自身だと確信した。そこで、毎日一時間、自分のために働くことにした。早朝にそのための時間をもうけ、建設や不動産開発の仕事をしたんだ。だれしもこれを見習い、まず自分自身が顧客になり、つぎに他人のために働くべきだ。一日一時間を自分に充てるべきだ」(『スノーボール(上)』)
自分への投資を惜しまず、学び続けることこそが、バフェットとマンガーに共通する成功法則といえます。

第2話

給料は二の次、自分より優れた人、尊敬する人と一緒に働くこと

バフェットは「どういう所で働けばいいでしょうか」という学生たちの質問にいつもこう答えています。「自分が最も尊敬している人の下で働きなさい」（『ウォーレン・バフェット 自分を信じるものが勝つ！』）。実際、バフェットはこれまでそうやって生きてきています。コロンビア大学大学院を卒業したバフェットは同級生たちと違い、大企業への就職ではなく、最も尊敬している人の会社で働きたいと考えました。目指したのは敬愛するベン・グレアムの会社グレアム－ニューマンへの入社です。

バフェットはグレアムの愛弟子ともいえる存在ですし、A＋の成績をもらった学生はバ

フェット以外誰もいなかっただけに、自分も雇ってもらえるはずだと信じてやまなかったバフェットは、「無給でもいい」とまでいったにもかかわらず、グレアムがバフェットを受け入れることはありませんでした。力がなかったわけではありません。もしそこで働くことができるなら自分は存分に働けるというバフェットの自信は確かなものでしたし、グレアムもバフェットの力を認めていました。しかしその願いは、同社は「ユダヤ人だけを雇っている」という理由で叶えられませんでした。

バフェットは落胆しますが、グレアムの所で働けないのなら、もう1人の尊敬すべき人の所で働くまでだ、と気持ちを切り替えます。バフェットは生まれ故郷のオマハに戻り、父ハワードの会社で働くことを希望します。

当初、ハワードはオマハで働くにせよ、もっと大きな地元の名門証券会社で働くよう勧めましたが、バフェットの決意は揺るぎませんでした。「私は父の会社以外のところでは働きたくなかった」(『スノーボール(上)』)からです。

とはいえ、父の会社で働きながらもバフェットはグレアムの下で働くという夢を諦めることありませんでした。ニューヨークに始終出かけては、グレアムに会おうとしていますし、株に関するアイデアも頻繁に書き送っていました。やがてグレアムの許しを得たバフェットは、1954年、ニューヨークへと行き、正式に入社を果たすことになったのです。それはバフェットにとって実にわくわくする出来事でした。

入社にあたり、バフェットは給料の額さえ聞くことはありませんでした。月末に給料を手にして初めてその額を知ることになりますが、そんなことはどうでもよかったのです。

バフェットは早くから仕事をしてお金を稼いでいましたし、株式投資によって十分なお金を手にしていました。お金よりも尊敬する人の所で働き、大好きな仕事をすることこそ、バフェットにとって「正しいこと」だったのです。こうした経験を元にバフェットは学生たちにこんなアドバイスを送っています。「大事なのは自分にとってのヒーローと呼べる人物を持つことです」(『バフェット&ゲイツ後輩と語る』)

ヒーローの生き方や考え方を学び、できればヒーローとともに働ければ、間違いなく人を成功へと導いてくれるでしょう。もし周りにヒーローがいなければ、本などを読み、「心のヒーロー」を持ち、「こんな時、あの人ならどうするか」と考えるのも一つのやり方です。

では、それ以外の人と働いた場合はどうなるのでしょうか？「自分より小さい者を雇えば、会社も小さくなる。自分より大きい者を雇えば会社も大きくなる」(『バフェットからの手紙』）がバフェットの考え方です。会社を任せるなら尊敬できる人間、信頼に値する人間に限り、もし邪悪な人間と組んだなら事業がうまくいくはずがありません。

コロンビア大学大学院を卒業後、生まれ故郷のオマハに戻っていたバフェットは数週間、州兵としての兵役義務を果たすためウィスコンシン州ラクロスの訓練場へと入っています。下院議員の息子であるバフェットに周囲は疑いのまなこを向けたといいますが、ほんの1時間足らずでバフェットはみんなの仲間入りを果たしています。外の世界で何をやっていたかは関係ありません。みんなと同じように漫画を読み、語彙は四つだけ。そこはそういう世界でした。そしてバフェットはこれまでの経験を通して、こう考えるようになりました。「自分よりも優れた人間とつきあったほうがいいというのを学んだ。そうすれば、こっちもちょっぴり向上する。自分よりもひどいやつらとつきあえば、そのうちにポールを滑り落ちてゆく。しごく単純な仕組みだよ」（『スノーボール（上）』）

人は良くも悪くも環境に染まります。好きになれない人や、尊敬できない人と仕事をすることは精神的に辛いだけでなく、自分の価値を貶めることにもなりかねません。**働く人間を選ぶときは結婚相手を探すくらいの気持ちで臨みたいし、それを怠ればあっという間にポールを滑り落ちることになるというのがバフェットの考え方です。**

第3話

成功を支えてくれる人々を引き寄せられる人物であれ

「ねたみを避ける最良の方法は、自分が成功に値する人物になることだ」（『投資参謀マンガー』）はチャーリー・マンガーが好んで使う言葉です。

成功するためには成功を目指してひたすら頑張ることがもちろん欠かせませんが、いくら自分1人がしゃかりきになっても、それだけではうまくいかないこともたくさんあります。成功するためには、成功を引き寄せられる人間、成功を支えてくれる人たちに恵まれるだけの人間になる努力も欠かせません。

成功するためには、まず成功に値する人間になることだというのがマンガーやバフェッ

トの考え方ですが、バフェットによると、ビジネスの成功に関係しているのは、学業成績でも家柄でもビジネススクール出身かどうかでもなく、ビジネスを始めた年齢だといいます。

実際、バフェットもわずか6歳で小さなビジネスを始め、11歳で初めての株式投資を行いました。そこから導き出されたのが雪の玉はできるだけ早く転がし始めた方がいいという考え方です。早く始めれば、それだけ長い時間をかけて雪の玉を大きくすることができるからです。一方で、雪の玉が大きくなるためにはそれなりの人間にならなければならないともアドバイスしています。「ちょうどいいぐあいの雪があれば、雪の玉《スノーボール》はかならず大きくなる。（中略）お金を複利で増やすことだけをいってるのではないよ。この世のことを理解し、どういう友人たちを増やすかという面でもそうだった。時間をかけて選ばなければならないし、雪がよくくっついてくれるには、それなりの人間にならなければならない」（『スノーボール（下）』）

優れた人と仕事をすれば優れた仕事ができますが、愚かな人間と仕事をすると人生を滑り落ちていき、邪悪な人間と仕事をすると不幸な結末が訪れます。

ある時、バフェットは知り合いのコンサルタントにこんなアドバイスをしています。

「扱いにくい人間と取引すべきではない。そんなことをしなくてもやっていける立場にあるのだから。世の中には、取引相手になってくれる人はいくらでもいる。自分のコンサルティングサービスの価値を認めない人たちのために、貴重な時間をムダにする必要はない」(『ウォーレン・バフェット　華麗なる流儀』)

その言葉通りバフェットは、好きになれない人や、尊敬できない人たちとは話をしたくないし、ましてや一緒に働きたくはないと明言し実行もしています。一方で、自分にとって大切な人との関係はとても大事にしています。

それはバフェットにとって「お金を儲ける」こと以上に大切なことであり、かつてこんなことをいっていました。「私たちは、経済学でいう純粋な経済的動物ではありません。そのため経済的成果が若干悪くなることもありますが、それでも今のやり方のほうがいいと考えています。売上げや利益を少し増やすために、気のおけない仲間や尊敬する人たち、面白いと思える人たちとのつながりを次々に切り捨てていく人たちがいるようですが、そんなふうにして金持ちになる意味がどこにあるのでしょうか。私たちも業績はいいに越したことはないと考えていますが、決してそれを至上命題にするつもりはありません」(『ウォーレン・バフェット　自分を信じるものが勝つ！』)

この言葉が単なるきれいごとではないことは、マンガーの「ウォーレンはわざと金儲けを抑えてきた」(『スノーボール(下)』)の言葉がよく表しています。

マンガーによると、投資リターンを冷徹に計算し、関係している人間のことなど無視して、バークシャー・ハザウェイの所有する会社を売買したり、買収の帝王になることもできたはずなのに、バフェットはそうしたことは決してしなかったといいます。そして、その理由をこう説明しています。「つまるところ、そんなことはやりたくなかったんだな。ウォーレンは競争力は強くても、道義心のない剝き出しの力を誇示したことは一度もなかった。人生を一定のやり方で送りたいと思っていて、それが公の記録となり、公の場での教壇を用意した。こういうやり方だったからこそ、ウォーレンの人生はうまくいったといいたい」(『スノーボール(下)』)

成功するためには成功に相応しい人間になることが不可欠です。成功物語にはしばしば権力の誇示や裏切りなどがつきものですが、バフェットは時にお金よりも人間関係や信頼を大切にすることで成功したからこそ、これほどの成功者であるにもかかわらず「賢人」として尊敬され続けているのです。

「雪がよくくっついてくれるには、それなりの人間になる」努力が欠かせないと、バフェットの生き方が教えてくれています。

第4話

どれだけお金を稼いでも、愛されたい人に愛されない人生は空しい

人生の成功は何によって測られるのでしょうか。どれだけの地位に登りつめたかで測る人もいれば、どれだけのお金を手にしたかで成功の度合いを測る人もいるでしょう。あるいは、アップルのもう1人の創業者、スティーブ・ウォズニアックがいっていたように「人生でどれだけ笑うことができるか」という幸福度で測る人もいます。

あるパーティーに出席したバフェットの所へほろ酔い加減の女性が近づいてきて、こうささやいたことがあります。「あら、すごーい。お金がたくさんなる木が歩いてるわ」

これが褒め言葉かどうかは判断に苦しむところですが、少なくともバフェットは世界有

数の資産家としてたくさんの人々から羨望の眼差し、好奇の目で見られていたということはたしかです。その女性が去った後、バフェットは記者にこう語りました。

「稼いだ額の大きさで自分の人生を測るつもりはありません。そうする人もいるでしょうが、私自身は絶対にしません」（『バフェットの投資原則』）

いくら稼ぐかを目的にしてしまうと必ず厄介な問題にぶつかることになると考えるバフェットにとって、成功の尺度はお金でも名誉でもなく、周りの人から愛されているかどうかでした。バフェットによると、同じくらいの年の人で、年をとった時、家族や仕事仲間など自分の周りに自分を愛してくれる人がいる人は例外なく「人生は成功だった」というのに対し、自分の名前がついた学校や病院を持つにもかかわらず、誰もその人のことを気にも留めず、そして本人もそのことを知っている人は「人生のすべてが空しくなってしまう」といいます。

ジョン・ロックフェラーは若い頃から「マネー、マネー、マネー」とお金を稼ぐことにすべてを注ぐことで巨大財閥をつくることに成功しますが、人々からは憎まれる一方でした。さらに病にも苦しんだことがきっかけとなって慈善事業に励むようになりますが、お陰で晩年は人々の尊敬を集める幸せな人生を送っています。
バフェットにとっての成功は次の言葉に表れています。「ごく普通の仕事をしていたり、境遇は恵まれていなかったりしても、周りから愛されている人は、大きな成功を感じているものです」（『バフェット&ゲイツ　後輩と語る』）
ある時、学生たちから「最大の成功と最大の失敗はなんですか」という質問を受けたバフェットは資産の大きさではなく「愛」こそが物差しになると話しました。「私ぐらいの年齢になると、愛してほしいと思っている人間のうちどれほどの人間にじっさいに愛してもらっているかどうかが、人生の成功の度合いをほんとうに測る物差しになる」（『スノーボール（下）』）
別の機会にも、学生たちにこう言い切っています。「人生の目的は、愛されたいと思っている人たちから、ひとりでも多く愛されることだ」（『スノーボール（下）』）
かつてある著名人が「お金で買えないものはなにもない」と豪語したように、バフェットも、お金で手にできるものはとても多いといっています。成功をねぎらう晩さん会も開いてもらえるし、寄付金を出せば自分の名前を冠した病院や大学の教室をつくることもできます。セックスも晩さん会も自分を讃える自伝も、お金を出せば買うことができます。しかし、たった一つ買えないもの、それが愛だといいます。たとえば100万ドル分の愛を買いたいといったところで、本当の愛を手にすることはできません。

莫大な資産を手にしているのに、世界中の誰からも愛されていないことほど悲しいことはないし、そんな人生は大失敗だというのがバフェットの考え方です。

そしてそのためには「お金を稼ぐ」こととは別の努力が求められます。それについて、こんなことをいっています。「愛を得るには愛される人間でなければならない。（中略）愛はあたえればあたえるほどもらえるものなんだ」（『スノーボール（下）』）

バフェットは熱心なプロポーズによってスージー・トンプソンを射止めましたが、仕事一筋の人生の中で妻が45歳で家を出て行くという苦い経験をしています。「ああなってはいけなかった。私が犯した最大の過ちだった」（『スノーボール（下）』）と嘆くことになりますが、後の祭りでした。以来、ニューヨークなどではスージーと、そしてオマハではアストリッド・メンクスと暮らすという奇妙な三角関係が続くことになりますが、それも2004年のスージーの死によって終わることになりました。

愛を重んじるバフェットですが、彼にとって愛はわかりづらく厄介な存在でした。

第5話

名声は脆いものであり、信頼は一生かけて築く価値がある

自らが投資し、取締役も務めるソロモン・ブラザーズが国債の不正入札によって存亡の危機に立った時、立て直しの先頭に立ったバフェットは、ヒーローになるか倒れるかわからない、まさに進軍する将軍のような立場でした。もし失敗すれば長年かけて築き上げた名声が地に落ちることになりますが、その確率はあまりにも高いものだったのです。

バフェットの名声は長い時間をかけて打ち立てられています。1969年の『フォーブス』の記事、「オマハはいかにウォール街を打ち負かしたか」の書き出しは、次のようなものでした。「一九五七年にバフェット・パートナーシップに投資された一万ドルは、いまや

二六万ドルになった」(『スノーボール(上)』)
12年間、一度も損を出すことなく、年31%の複利で成長したバフェット・パートナーシップが大きく取り上げられることで、バフェットは投資の世界の有名人となりました。やがてワシントン・ポストやソロモン・ブラザーズの取締役となることでオマハの投資家からアメリカを代表する投資家の1人となっていったのです。

一方で、大きな名声を手にしたバフェットは、名声とは脆いものであることもよく知っていました。「名声を打ち立てるには一生かかるが、台無しにするには五分とかからない」(『スノーボール(下)』)

バフェットは若い頃から、正直であることを自らに課してきました。**隠し立てをせず、誠実で、真っ正直であるというのはバフェットが守り通していることの一つであり、それを嘘やごまかし、足の引っ張り合いなどが日常になっているソロモン・ブラザーズに守らせようとしたのです。**

議会での証言を終えたバフェットは会社に戻ると、社員宛てに手紙を書いて、違法行為と反倫理的行為をすべて報告するように求めました。さらに手紙に自宅の電話番号を明記したうえで「疑いがあるときは私に電話すること」とも付け加えています。

バフェットは同社に限らず、バークシャー・ハザウェイでも「新聞の一面テスト」という原則をとても大切にしています。次のようなものです。「自分がもくろんでいることが正確かつ批判的に翌朝の地元紙の一面記事になり、それを配偶者や子供や友人が読む――そんなことを果たして望んでいるかどうか、社員のみなさんに自問してもらいたい」（『スノーボール（下）』）

バフェットが同社の社員に求めていたのは「『超一流のビジネスを超一流のやり方で』やる」ことでした。理由は、長年かけて築き上げた名声も信用も、バフェットがいうように、たった一度の新聞の一面記事によってまたたく間に崩れ去っていくからです。

バフェットは「ルールすれすれ」でもダメで、社員1人ひとりが「コンプライアンス担当」という自覚を持って絶対にルールに反する行為をせず、超一流のやり方をして初めて会社としての名声も信頼も守られると考えているのです。

このように、バフェットは会社が犯した罪を隠すのではなく、すべてを正直に打ち明け、厳しすぎるほどのルールを社員に課すことで新しいソロモン・ブラザーズへの道を指し示しました。こうしたバフェットの正直さ、誠実さ、高潔さが結果的に、バフェットの名声をさらに高めることになったのです。名声が台無しになる覚悟であえて指揮官として矢面に立ったバフェットは、著名な投資家から英雄となったといえます。

築き上げた名声を守るうえで、バフェットがもう一つ大切にしているポリシーが、1階から100階へと上り詰めた人間が往々にして感じがちな、98階に戻った時に感じる不満を抑えることでした。たとえば、大企業のCEOだった人間がその座を下りた時、いつまでも100階にいる気分で威張ったり、批判に腹を立てたりするようではダメで、「家族がいて、健康で、世界のために役立つことができる状態ならば、恨みつらみをならべるのではなく、ありがたく物事に感謝すべき」（『スノーボール（下）』）であるというのがバフェットの考え方です。

どんな成功者もやがては年齢を重ね、時に病になるなどして、その座を去る時がきますが、その際も過去の栄光を振り返るのではなく、前を向いて、自分にできる精一杯をやればいいというのがバフェットの考える「良い年の取り方」でした。それができて初めて、その人は他者から愛され、信頼される人であり続けることができるのです。

哲学 8

〈バフェット・メモ〉

今では世界中の人が話を聞きたがる
バフェットも、
昔は人前で話すのが苦手だった

リアルでも本の中でもいいから、
自分のヒーローを持つことが大切

時にはお金よりも
信頼や人間関係を大切にする

過去の栄光よりも、さらに一歩前へ
歩み出せる人生が幸福である

おわりに　「価値を高めてこそ価格もついてくる」という生き方

ウォーレン・バフェットについて語る時、どうしてもバフェットが稼いだお金や10兆円を超える莫大な資産に目が行きがちです。もちろんそれは素晴らしい成果なのですが、バフェットについて注目すべきはこうした「価格」ではなく「価値」ではないかというのが、長年、バフェットを追いかけてきた私自身の感想です。

バフェットは6歳で小さなビジネスを始め、11歳で初めて株式投資を行うなど、「お金を増やす」ことに力を注いできましたが、同時に幼い頃からたくさんの本を読み、本書で紹介したように「良き習慣」や「原理原則」を身につけるために懸命な努力をしています。

バフェットの相棒であるチャーリー・マンガーによれば、成功した人間が周りからの妬みや恨みを買わないために必要なのは「成功に相応しい人間になる」ことだといいますが、バフェットは長い時間をかけて「成功に相応しい人間になる」努力を続けたからこそ、莫大な富を手にしただけでなく、「オマハの賢人」という尊敬すべき人物になることができたのだと思います。

本書で述べた通り、バフェットは投資に際して見るべきは「価格」ではなく「価値」であり、価格と価値の間に大きな差が生まれた時こそが投資のチャンスであると考えています。その背景にあるのは「価格」が株式市場の動向次第で上がったり下がったりするものであるのに対し、「価値」はどんなに時代が変わろうが揺らぐものではないという考え方です。

つまり、企業にとって大切なのは「価格」よりも「価値」であり、「価値」を高める努力を惜しまない企業はやがてそれに相応しい「価格」に落ち着くというわけです。そしてこれはまさに、バフェットの生き方に通じています。

バフェットは幼い頃から「価格」を増やすことに取り組んでいますが、それ以上に「人としての価値」を高める努力を惜しまなかったからこそ、その価値に相応しい「価格」を手にしました。

「お金持ちになりたい」「成功したい」と願うのは多くの人にとって当然であり健全なことですが、その際、必要なのは数字に目を奪われて安直なハウツーに飛びつくことではなく、自分という人間を磨き続けることなのだと、バフェットを見ていて思わされます。結果的に誰もが大金を手にしたり、大成功するとは限りませんが、価値を高める努力さえ惜しまなければ、その人は成長し続け、人として豊かな人生を送ることができるのです。

今、私たちがバフェットから学ぶべきはこうした「価値を高めてこそ価格もついてくる」という生き方ではないでしょうか。投資でいえば、日々激しく動く株価に踊らされることなく「長期でものを見る」「株価よりも企業の価値を見る」といった考え方です。

既に90歳を超えたバフェットですが、今後も彼がどの企業に投資するか、その一挙手一投足は変わらず関心を集めるでしょう。しかし投資にまつわる面だけではなく、バフェットという稀有な人物の生き方や考え方を学び直すことも、今後の自分の働き方や生き方を考えるうえではとても刺激的で有意義な体験になると思います。

本書がそのお役に立てたとすれば、これにまさる幸せはありません。

なお、本書の執筆にあたり、私がこれまでに愛読してきたバフェットに関する多くの本を参考にし、また随所引用させていただきました。いずれもが読むに値する労作ばかりです。機会があればこうした本もお読みいただき、バフェットイズムをさらに探求いただければ幸いです。

桑原晃弥（くわばら・てるや）
1956年、広島県生まれ。慶應義塾大学卒。経済・経営ジャーナリスト。業界紙記者などを経てフリージャーナリストとして独立。トヨタ式の普及で有名な若松義人氏の会社の顧問として、トヨタ式の実践現場や、大野耐一氏直系のトヨタマンを幅広く取材、トヨタ式の書籍やテキストなどの制作を主導した。一方でスティーブ・ジョブズやジェフ・ベゾスなどＩＴ企業の創業者や、渋沢栄一、本田宗一郎など成功した創業者の研究をライフワークとしている。著書に『トヨタ式5W1H思考』『乗り越えた人の言葉』（KADOKAWA）、『トヨタ式「すぐやる人」になれる８つのすごい！ 仕事術』（笠倉出版社）、『［決定版］スティーブ・ジョブズ名語録』（PHP研究所）、『１分間アドラー』（ＳＢクリエイティブ）、『逆境を乗り越える 渋沢栄一の言葉』（リベラル社）、『ウォーレン・バフェット 巨富を生み出す７つの法則』（朝日新聞出版）などがある。

ウォーレン・バフェットの「仕事《しごと》と人生《じんせい》を豊《ゆた》かにする8つの哲学《てつがく》」
資産《しさん》10兆円《ちょうえん》の投資家《とうしか》は世界《せかい》をどう見《み》ているのか

2021年12月２日　初版発行
2024年９月５日　５版発行

著者／桑原《くわばら》 晃弥《てるや》

発行者／山下 直久

発行／株式会社KADOKAWA
〒102-8177　東京都千代田区富士見2-13-3
電話 0570-002-301（ナビダイヤル）

印刷所／大日本印刷株式会社

●お問い合わせ
https://www.kadokawa.co.jp/（「お問い合わせ」へお進みください）
※内容によっては、お答えできない場合があります。
※サポートは日本国内のみとさせていただきます。
※Japanese text only

定価はカバーに表示してあります。

ISBN 978-4-04-605403-6　C0030